人工智能技术

赋能通信工程产业的应用研究

苟浩淞 编著

四川科学技术出版社

图书在版编目 (CIP) 数据

　　人工智能技术赋能通信工程产业的应用研究 / 苟浩
淞编著 . -- 成都：四川科学技术出版社，2023.9
　　ISBN 978-7-5727-1106-0

　　Ⅰ. ①人…Ⅱ. ①苟…Ⅲ. ①人工智能—应用—通信
技术—信息产业—产业发展—研究—中国Ⅳ. ①F492.3

　　中国国家版本馆 CIP 数据核字 (2023) 第 148672 号

人工智能技术赋能通信工程产业的应用研究

RENGONG ZHINENG JISHU FUNENG TONGXIN GONGCHENG
CHANYE DE YINGYONG YANJIU

编 著 者　苟浩淞

出 品 人　程佳月

责任编辑　王双叶

封面设计　众亦知文化

责任出版　欧晓春

出版发行　四川科学技术出版社

　　　　　成都市锦江区三色路238号　邮政编码　610023

　　　　　官方微博　http://weibo.com/sckjcbs

　　　　　官方微信公众号　sckjcbs

　　　　　传真　028-86361756

成品尺寸　185mm×260mm

印　　张　14.5

字　　数　200千

印　　刷　三河市华东印刷有限公司

版　　次　2023年9月第1版

印　　次　2023年9月第1次印刷

定　　价　68.00元

ISBN 978-7-5727-1106-0

邮　　购：成都市锦江区三色路238号新华之星A座25层　邮政编码：610023

电　　话：028-86361770

《人工智能技术赋能通信工程产业的应用研究》

编委会

李海聪　李志恒　魏术森　陈泓竹　苟浩淞

苏　凌　李　竹　杨　兵　伍　雄

目 录
CONTENTS

第一章

通信工程中的人工智能发展概述

第一节　通信中的人工智能

一、通信工程智能化

现代意义上的通信，其实质是通过诸如移动传输、卫星传输、固定网络等多种手段，将信息从起点传送到目的地的工程技术。衡量通信的品质指标，表现在信息从发送者到接收者是否能准确、完美地再现。

随着社会的发展、科学技术的极大进步，为满足人们的需要，现代通信工程主要是围绕解决通信技术、通信系统和通信网络的建立面临的方方面面的问题，而开展研究、寻找方法，并付诸实际，为人们提供快捷、方便、灵活多样的服务。由此，提出了通信智能化的概念和要求。

快速、便捷是智能通信最显著的特征，它可以极大地减少地理上的制约。与传统意义上的无线通信技术相比，智能通信在使用方便、快捷等方面有着更为显著的优越性，尤其是它的体积更小、通信速率更快。[①]

随着航天航空技术的日益成熟，利用卫星传输信息成为可能。卫星发送的信号覆盖面大、精准、稳定等，使得卫星通信进入了人们的生活、工作之中。同时，由于智能通信系统的稳定性的增强和覆盖面的扩大，由卫星基地、中继站组成的智能通信网络已基本覆盖全球，而且其抗干扰性也在不断增强。智能系统的广泛

---

① 王东升.人工智能在移动通信中的应用 [J].电子技术,2022(2):138-139.

应用使其更具多样性，并且对人类的生活方式产生了巨大的影响，使人类的生产和生活变得越来越方便。

人工智能（Artificial Intelligence，AI）作为计算机学科的分支，首先由人工智能之父艾伦·麦席森·图灵提出，它涉及心理学、计算机学、控制工程学等学科领域。但是目前学术界对人工智能的定义还没有统一的观点。概括来说，人工智能是通过对人类脑部的运作方式进行模拟开发并且利用机器扩展人类智能，使机器成为具有智能载体的工具，从而辅助人类的生活和工作。在不断被研究、开发的过程当中，人工智能逐渐成为一种用来提高社会实践的新模式、新方法。人工智能主要包含大数据、机器学习、生物识别等技术。其技术主要具有四个特点，即灵活性、综合性、服务性、实践性。灵活性指的是人工智能作为模拟大脑的工具，能够灵活地进行自动处理并将其运用到生活和工作中；综合性的意思是将所需要的学科进行多方综合，达到对知识的高度整合；服务性是指人工智能产品其实是一类服务于人类，进行辅助活动的智能工具；实践性指的是人工智能能够更好地投入到实践活动当中，以便人工智能在实际工作中发挥最大化的效益。这项技术是 21 世纪最核心的话题，我国也正在大面积推行人工智能技术的应用。伴随着大众对人工智能的认知加深、熟知程度升高、使用率增加，社会进入了智能化的时代。同时，人工智能技术不断地开发和深入也给我们带来了风险，对我国现有的法律发出了新的挑战。

随着社会的现代化，为了适应人们的需要，互联网通信技术必须得到进一步的发展。目前，我国的通信硬件设备已经逐步完善，通信基站的数量也越来越多，基础设施也得到了进一步的改善，这对实现现代移动通信技术的普及是十分有益的。随着移动通信技术的发展，它逐步形成了多种通用的功能。比如，把通信技术与人工智能相结合，就可以有效地实现网络标准化。

为适应用户对网络的需要，本书在分析智能设备的故障之后，增加了通信技术的应用功能，其中包括在运行维护工具的基础上帮助平台搭建微型应用与服务，以及开发电网的早期预警机制，以保障电网安全。[1]

当前，人工智能技术运用到移动通信中，使移动通信技术取得了长足的进步；利用人工智能进行故障分析，提高了通信效率。在今后的发展趋势中，智能手机通信网络的建设将会更加广泛，传输速率将会得到极大提升，从而使智能手机通信更加智能化和自动化。

二、人工智能概述

人工智能，是 20 世纪 50 年代中叶提出来的以计算机科学为基础的、多学科（包括计算机、心理学、哲学等）交叉融合的新兴科学，是一门研究、开发模拟，延伸和扩展人的智能的理论、方法、技术及应用系统的新的技术科学，是当代科技革命和产业变革的重要推动力量。

"人工智能技术"最早是在 1956 年美国达特茅斯会议上提出来的。从那以后，人类就开始了对通用人工智能的研究。尽管对人工智能的研究曾遭遇了种种障碍，也曾一度被人们怀疑，但随着 IBM 公司在 1997 年开发的电脑"深蓝"打败了国际象棋世界冠军，人工智能再度被提到了台前。随着计算机运算能力的不断提高，网络上大量数据的收集，使得人工智能技术的瓶颈得到了突破，并为基于大数据的深度学习和强化学习技术的发展奠定了

---

[1] 李靓熙 . 通信智能中电子信息工程技术的运用 [J]. 工程建设与设计 ,2022(8):98-100.

基础。21 世纪初，随着人工智能技术的发展，人工智能在感知、认知，尤其是在语音处理、文本分析、视频处理等深度学习领域，都有了长足的进步。[①]

自从 20 世纪 40 年代计算机诞生以来，经过不断发展，计算机的运算能力得到了极大的提升，而多媒体技术、计算机辅助设计、数据库、数据通信、自动控制等均得到了不同程度的发展。

计算机技术是人工智能发展的重要载体，发展人工智能的主要推动力之一是开发计算机的能力，计算机的发展与人类的智慧息息相关。在智能制造、医疗、家居等各个领域，人工智能都占据了很大的比重，也发挥着越来越不可替代的作用。

自 2008 年以来，随着移动互联网、云计算、大数据等技术的飞速发展，人工智能技术进入了一个快速发展的黄金时期。在各国政府的大力扶持下，人工智能技术在各个领域的应用越来越广泛，包括通信产业在内的各个行业都在积极地引入人工智能。可以说，在信息产业中，人工智能已经成为一个重要的发展动力。然而，人工智能就像一柄"双刃剑"。随着人工智能技术的不断发展，通信产业的发展面临着严峻的挑战。

从 20 世纪中期开始，科学家们就一直在猜测机器有没有智慧，到了 20 世纪 80 年代，机器学习在西方发达国家才被正式确立，人工智能也逐渐走向了工业化。让机器实现人的智能，一直是人工智能学者不断追求的目标，不同学科背景和应用领域的学者从不同的角度，用不同的方法，沿着不同的途径对人工智能进行了探索。其中，人工智能发展历史上三大主要的技术流派分别是符号主义、连接主义和行为主义。在人工智能的发展过程中，不同的技术流派先后在各自领域取得了成果，各学派逐渐走向了

① 徐劲松. 大数据时代人工智能在通信技术网络中的应用 [J]. 信息系统工程,2020(4):16-17.

相互借鉴和融合发展的道路。比如，通过在强化学习（行为主义）中引入深度学习（连接主义），融合产生的深度强化学习技术，成为 AlphaGo（阿尔法狗）战胜围棋高手李世石背后最重要的技术。深度学习是一种以人工神经网络为架构，对数据进行表征学习的技术。表征学习的目标是从大规模数据中学习，以寻求更好的表示方法并建立更好的模型。该方法来自神经科学，类似于从最基本的单元上模拟人类大脑的运行机制。深度学习算法的突破，计算能力的大幅提升，海量数据的积累，共同促成本轮人工智能技术的进步。目前已有数种深度学习算法，如深度神经网络、卷积神经网络和循环神经网络等，被应用在计算机视觉、语音识别、自然语言处理等领域并取得了极好的效果。在人脸识别领域，根据美国国家标准与技术研究院（NIST）公布的人脸识别算法测试（FRVT）结果，在签证照、证件照等有约束场景下的人脸识别准确率接近 99%。在语音识别领域，全球知名的开源语音识别数据集 Librispeech 已实现接近 2% 的错词率。

当前，5G（第五代移动通信技术）与现代人工智能技术还处于一个逐步趋向成熟的发展阶段，在对二者的融合进行研究和应用时，也必然会面临不断创新和改进而带来的发展特点，二者的融合必然会带来更多领域融合的可能性以及发展前景。

在 5G 与人工智能的融合下二者将有可能在更广阔的领域中得到充分利用。在具体的应用中，VR（虚拟现实）技术将逐渐成为 5G 与人工智能融合的重要方向之一，并且可能将 VR 技术推向一个更加规模化的发展趋势。

在 VR 产业不断蓬勃发展壮大的基础上，人们将有机会得到更多智能化的日常生活和工作服务，其中包括可以自己在家尽情享受不同的美景，可以在网上远程诊疗和进行虚拟逛街购物等，此外，还有机会能够在网上进行一系列危险情况和场景的仿真模拟实验，从而给我们的社会经济发展带来更加强劲的信息和技术支撑。①

从 2010 年起，人工智能的发展速度就一直很快，语音识别、图像处理、深度学习、自动驾驶等技术都极大地推动了国内各个行业的发展，包括通信行业。②

人工智能的主要用途是在机器学习领域和深度学习领域。这两个领域的人工智能的主要目的就是模仿人类的学习行为，获得新的知识和技巧，以此来提升自己的能力。

人工智能是一种利用电脑技术来模拟人类行动，开发和延伸人类智能的新技术。人工智能是计算机科学的分支，它致力于解决智能的问题，开发出一种类似于人类智能的智能机器人，它拥有语音识别、图像识别、语音处理等多种能力。它突破了传统的研究方式，能够充分地解决传统研究方法无法解决的问题。从 20 世纪 90 年代后期开始，人工智能技术在理论与应用领域取得了重大突破，目前已经在电力、通信等领域得到了广泛的应用。

人工智能涉及很多方面，比如模拟、智能等，虽然还没有一个统一的定义，但是人工智能却在一定程度上影响着人类的生产和生活。运用人工智能的主要目的是协助人类解决各种工作需求。在目前的情况下，随着人工智能的发展，这种技术已经被广泛地运用到了各行各业。

人工智能的一个重要特征就是能够与现实进行交流，并且能够准确地分析大量的数据，从模糊和不确定的信息中寻找出最有用的信息，从而为人类提供帮助。

信息数据库和统计数据将成为分析的基础技术。人工智能是

---

① 颜博. 人工智能技术的发展及其在通信安全领域的应用 [J]. 邮电设计技术, 2019(04):86–89.
② 王浩宇. 人工智能在通信领域的应用研究 [J]. 中国新通信, 2020, 22(7):18–19.

一种具有高度智能的自主系统，它拥有和人类类似的思维和能力，可以独立地执行自己的任务。

当人工智能设定了一个目标并且开始执行任务后，如果外界的环境发生了变化，它就会自动调整自己的系统，让自己的"身体"适应外界的变化，从而达到自己的目的。人工智能系统本身就是一种具有全面性和可升级性的系统，能够在目前的各种场景中得到广泛的应用。应用场景如图 1-1 所示。①

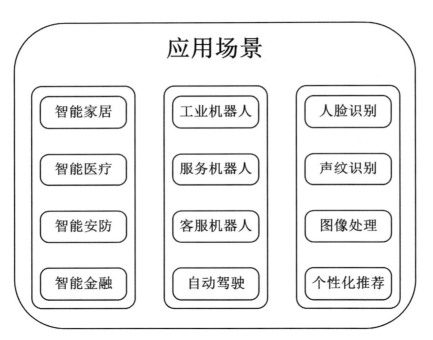

图 1-1 人工智能的应用场景

在各个发展阶段，人工智能具有不同的含义。1956 年，麦卡锡首次在达特茅斯会议上介绍了人工智能。人工智能是一种新的智能机器，它试图了解智能的本质，并制造一种与人的智能相似的反应。在通信方面，语音识别、图像处理、自然语言处理、虚

---

① 陈红星 . 人工智能在通信运营商网络中的应用 [J]. 中国新通信 , 2020, 22(11):38.

拟助理、深度学习平台等都得到了广泛的应用。

人工智能是时代发展的必然结果。总之，人工智能对整个通信产业的发展起到了巨大的促进作用，我们在享受人工智能的好处的同时，也要时刻警惕它可能给我们带来的不良后果。如何把握这一有利时机，充分发挥人工智能的作用，成为通信企业面临的现实问题。

人工智能是一种可以独立进行运算、自动搜索、自动推理以及对海量数据进行处理的科技。人工智能系统可以迅速地搜索关键词，然后经过运算过滤，再根据自己的信息处理功能做出反应。

人工智能可以通过硬件和软件来模拟人的行为，通过声音、图像等信息来预知个人的行为。许多人做不到的事情，人工智能可以做到。当前，人工智能技术已经在语音、图像处理等领域取得了显著的进步。手势识别技术已经相当成熟，VR 领域的发展也非常迅速，未来还有很大的发展空间。

随着人工智能的发展，人工智能和 5G 的结合也越来越广泛，它的可操作性也越来越强。5G 已经从一个比较遥远、比较笼统的概念中凸显出来，它已经深入人们的生活中，这也意味着 5G 进入了新的发展阶段，其重要性不言而喻。因此，在 5G 和人工智能的融合中，安全保护技术必须要提高。

在 5G 中，人工智能提高了数据传送的速度和便利性。人工智能只是一个程序，而不是一个人，所以它不可能完全模拟人类的思维模式。它的运算逻辑与人类的行为基本一致，所有的信息都是从资料库中获得，然后利用相关性将其组织起来，以某种逻辑思维来判断和执行。

从整个社会的发展态势来看，5G 已经成为目前通信技术方面的主流。在 5G 快速发展的过程中，其应用场景不断拓展，5G 本身所具有的优势也表现得越来越明显。在此背景下，如果融合人

工智能技术方面的优势，可以更好地彰显出 5G 在应用场景方面的突出特点。在 5G 环境的深刻影响下，人工智能的优势可以结合海量数据展开细致、全面的分析，对于数据智能化和自动化水平的提升产生了积极作用。比如在智慧电视领域中，如果可以将 5G 和人工智能进行深度融合，便可以实现有效提升智慧电视清晰度的目标。在其他方面，智慧电视性能较高、清晰度高、延时程度较低的特征也较为明显。如果想要实现人机对话或者智能化节目推荐的功能，也可以利用该技术来更好地彰显出智慧电视趣味性的功能。从网络安全防护的角度进行分析，借助 5G 的优势，人工智能对于网络安全防护方面的工作质量提出了更高要求。然而如果可以将人工智能技术与 5G 相融合，便可以建成更为高效、完善、系统的安全防护系统，促进 5G 的稳定发展。

5G 除了更好的网络体验和更大的网络容量，还可以用比以往通信技术更高的传输速度和更高的可靠性来快速传输全球海量的文字数据，允许全球更多的通信设备以更快的传输速度安全、可靠地相互连接。可见，5G 将从技术本质上创造一个全新的全球立体化无线数字网络环境，即 5G 将再次开启"智能+"的新时代，其与移动物联网、云计算、人工智能等智能教育技术强强携手，共同影响人们的日常工作、生活和远程学习，它对电子教育领域的未来影响将更为直接。

因此，我们正面临着一个全新的技术课题：以现代人工智能 2.0（其中包括智能机器人工智能）与 5G 融合为主要代表的新智能技术，既可能对未来人类生活的方方面面产生积极的影响，也可能给人带来潜在的负面效应或目前未知的巨大挑战。5G 与人工智能发展过程中的许多复杂问题需要全新架构设计、思考与重新应对。

5G 将不仅是"互联网+"和"人工智能+"的应用的两个关

键，也是国家企业信息化体系建设之路的基石。两者的结合必将实现高度对接乃至深度融合，对我们的生活以及生产方式产生巨大的改变，即5G赋值功能等新智能信息技术的快速发展，将助其在人工智能、混合虚拟现实、云计算技术、物联网等智能信息技术与新智能技术领域进行一次深度技术融合。

5G具有传输速度快、大规模宽带、可靠性高以及数据延迟低的四大优点，可以轻松实现短时间内大量视频数据的高速传输、检索和数据运算。

数据库越庞大，计算数据优化处理速度越快，人工智能数据计算过程的智能性和数据计算结果的准确性就会越来越高。5G计算时代的到来为未来我国人工智能技术产业的发展提供了更加坚实和牢靠的基础信息技术产业应用运作支撑和技术管理应用基础，使得我国人工智能产业可以在更加广泛的应用领域的技术实践中走下去，"5G+AI"的技术运作管理系统在加快促进我国经济社会快速发展、医疗技术进步、智慧改造城市，以及更加严密的网络安防上都具有重要的应用意义。

在这个过程中，人类的行动都会被模拟出来，但是却没有任何联系，也没有任何想象力，也就是说人工智能没有人类的创造力和发散思维，甚至连推理的能力都没有，缺乏灵活性，只能是机械地模仿。然而不可否认的是，5G与人工智能的深度融合将会给我们的生活带来极大的冲击。比如VR行业，在这种技术的融合下，将会获得巨大的发展，如用户可以在家里欣赏美丽的风景、观看电影、逛商场、开公司会议等。在VR技术中，许多危险的动作都是人类做不到的。时空会给人类带来极大的冲击，但同时也会给人类带来极大的限制，而VR技术则可以让人类从时空中解脱出来。另外，将来屏幕的定义将会变得更为宽广，生活中每一个物体的表面都可以呈现我们所希望的画面。5G与人工智能将成为未来科技发展的两大热点，将对人类社会的发展起到巨大的促进作用。面对 5G 和人工智能的发展，我们必须通过不断地更新来解决出现的问题，让 5G 和人工智能真正地为人们服务。[①]

总之，人工智能等新技术在我们的日常生活中得到了越来越多的应用，并且将在以后的发展中得到更多的应用。但是在享受科技发展的同时，我们也必须意识到，人的智慧也会给我们带来挑战，我们必须要不断地优化技术，将自己的优势发挥到极致，减少风险，这样通信产业才能得到长足的发展。

第二节　通信中的人工智能发展路线

一、人工智能的历史发展路线

从根本上讲，人工智能涉及非常多的学科，包含信息、控制、自动化等，并且也和哲学方面的知识息息相关。高度智能化的人工智能技术具备特别的优势，因此其被广泛地应用于各个产业，在推动各产业转型升级的同时促进了各个行业的不断发展，并取得了不错的经济效益。此外，人工智能的创新和发展离不开计算机技术的发展和不断升级。人工智能应用范围广，能大幅提高人们的工作效率，实现时间管理的优化。

随着脑科学的发展，基于已有的关于人类大脑的研究成果，从人类的行为表现出发，目前得出了三种具有深远影响的结论：一是智慧起源于思考，智慧是人类在进行行动时大脑所产生的思考活动；二是知识界说，也就是说，智力水平的高低与头脑中知

---

① 王浩宇. 人工智能在通信领域的应用研究 [J]. 中国新通信，2020, 22(7):18–19.

识储备的多少有关；三是进化论认为，智力和生物的进化论是类似的，智力是随着对外部世界的认识和适应而产生并不断地进化和提升的。

尽管没有明确的定义，但是人工智能有很显著的区别于其他智能的特点：①感知力。感知力依托于各种感官，通过各种感官来感知周围的事物。②具有记忆力和思维能力。人类大脑的构造特征和巨大的神经系统使得人类能够进行连续的记忆和思维。不断地学习会让一个人变得更加聪明，会对外界做出相应的反应，这是人类的一种本能。

简而言之，人工智能就是让机器成为具有智慧的"人类"，并代替人类做一些专属于人类的工作。人工智能的发展时间并不长，自 1956 年美国达特茅斯大学的麦卡锡提出"人工智能"概念后，美国的人工智能研究受到了前所未有的关注，大量的人工智能研究机构如麻省理工学院、IBM（万国商业机器公司）工程研究所等不断涌现。

人工智能提出至今已有三个发展阶段。

第一阶段是 1957—1969 年，人工智能研究取得了许多成果。1957 年，罗森布拉特成功研制出了第一个用于机器学习的感知器；1959 年，塞尔弗里奇在计算机上应用了第一个模式识别软件，为模式识别技术的发展奠定了基础。20 世纪 60 年代初期，麦卡锡发明了一种名为 LISP（语言）的人工智能语言。直至 1969 年国际人工智能大会的召开，标志着人工智能技术在世界各地的普及。

第二个阶段是 1970—2010 年，经过了艰难而又持续的发展。虽然人工智能在发展的道路上遇到了很多困难，但也取得了一定的进展。法国的科默尔于 1972 年发明了逻辑程序设计语言PROLOG。20 世纪 70 年代，世界召开了第一届人工智能会议，提出了一种新的理论——"知识工程"，从而推动了我国人工智能的发展。1986 年是个重要的转折点，此后人工智能的发展空前迅速。人工智能优化过后系统形成了 BP 算法（一种神经网络算法）、Hopfield 算法（一种神经网络算法）等。1996 年，美国 IBM 公司的"深蓝"电脑系统在棋局上击败了世界棋王卡斯帕罗夫，令全球震动。2006 年推出的深度学习解决了 20 世纪遗留下来的许多难题。

第三个阶段是 2011 年至今。随着网络通信技术的不断升级，大数据和云计算等信息技术得到了极大的发展。"人机大战"是最具影响力的一场比赛，在该比赛中，谷歌公司的"阿尔法狗"在围棋对决中战胜了世界冠军柯洁，向全世界显示人工智能具有超越人类的智慧。我国在人工智能方面的研究起步比较晚，20 世纪 70 年代末，专家和学者们意识到西方先进科技的影响力，启动了对人工智能的科学研究，并且在 20 世纪 80 年代初期成立了中国人工智能协会，专门针对人工智能及其所涉及的各种问题进行研究。在专家和学者的不断努力下，中国的人工智能取得了许多研究成果。①

纵观人工智能的发展历程，可谓是跌宕起伏。

随着时间的推移，世界各大经济体对人工智能未来的发展均寄予厚望，这些都成了人工智能持续快速发展的一个重要原因。同时人们对人工智能的理解也上升到了一个新的高度。

从生物演化的观点看，思维的起源和发展源自人的生存本能。作为居于生物链顶端的生物，人类有着更复杂的思考能力，为合理地分配资源，优化生存环境，并能预见和应对各种危险，人们进化出了一种特殊的脑神经系统，这种脑神经系统可以在短时间内产生和使用自己的智力。现代神经科学研究显示，人类的大脑

---

① 郭毅可. 论人工智能历史、现状与未来发展战略 [J]. 人民论坛·学术前沿,2021(23):41-53.

皮质是学习和记忆的媒介。

与人工智能的发展相辅相成的是认知神经科学,其出现的时间点与人工智能几乎是同步的。1949 年,加拿大的唐纳德·赫伯出版了《行为的组织》,对学习和记忆的神经机理做出了突破性的解释,并提出了"突触可塑性",即"神经元可以根据自身的经历改变共生的机理"。简单地说就是,神经元同时处于活跃状态,这是赫伯定律。研究表明,大脑中的神经元连接是可塑的,而可塑造的方式是持续的同时活化某些神经元,而激发这些神经元的方式则是由皮质刺激,这种有针对性的重复刺激即学习。如今,在磁共振技术的验证下,神经机制的赫伯定律已经被证明,并在神经网络上作为机器学习的机理。

在人工智能发展之初,人类通过对大脑基本原理的研究掀起了人工智能的第一波热潮。美国学者弗兰克·罗森·布拉特在达特茅斯大会后两年,也就是 1958 年提出了感知系统。所谓感知系统就是一种具有可变参数的单层神经网络,是人类首次将自身所具有的学习功能用数学模型予以表示,并首次让机器能够从数据中获取知识。这是当今神经网络的一个雏形,它提供了当今机器学习的很多重要思想。20 世纪 90 年代,核共振技术已经发展到一定程度,其强大的功能已经无法被掩盖,它可以测量大脑神经细胞内的氧含量以及神经元与神经元之间的信号传输,这使得人类神经系统的研究成为一门以大量数据为基础的科学。

现在,随着各国学者研究的不断深入,我们对人类大脑有了更深、更全面的了解,并提出了很多思考的机理,其中就包括我们认为大脑皮质是一种具有自我组织的模式。谷歌公司的首席创意总监雷·库兹韦尔在他的著作《如何创造思维》中提出了一种思维方式的认知理论,它的核心理念是大脑的结构模块化的交互作用构成了智力。这种想法与马克拉姆的"乐高"式的模块化结构"智慧"相吻合。这些细胞的模块化神经元构成了智力，同时这也是当时神经学说中最新的理论。研究机器生成的智能机理是未来人工智能发展的一个重要趋势。[①]

机器是怎么产生智慧的？它具有基础能力，这是不错的能力。在人工智能诞生之初，计算机的运算和存储能力都是有限的，而且它还没有足够的能力去感知外界的一切，所以它的智能只局限在有限的问题解决空间内。因此，早期的机械智力只能局限在搜索上，逻辑推理就是一个很好的例证。利用逻辑推理对人类进行逻辑思维的模仿，就是所谓的"符号主义"。从纽维尔、西蒙、王浩等早期的机器理论证明，到罗宾逊在 1965 年的归纳运算，逻辑推理变成了一种机械式的搜索。这些工作直接促成了以日本五代计算机为代表的二次人工智能研究热潮。以底层逻辑为基础的机器需要将知识以逻辑思维方式传达给计算机，但不久人们便发现这种依靠人力获得知识的方式是机器智力发展的一大障碍，因为它必须具备从客观世界中获得知识的能力。21 世纪是人类走向网络的时代，这时计算机的运算能力和存储能力都得到了极大的提高。随着信息技术的普及，人类已经进入了海量数据时代，再加上云计算技术的发展，我们有了实现知识自动化的可能。因此，从海量信息中自主获取知识的机器学习是新一代人工智能发展的一个重要机制和技术推动力。1985 年，辛顿、谢诺夫斯基两人在《玻尔兹曼机的一种学习算法》中首次提出了多层神经网络的学习机制；罗姆哈特、辛顿等人在 1986 年发表的《通过误差的传播学习内在表示》中提出了一种可以根据神经元网络权重来调节神经元之间的关系的反向转移算法。

---

① 徐国亮,陈淑珍.中美人工智能专用芯片龙头企业发展路线对比研究[J].生产力研究.
　2020,(5):73-76.

人工智能技术基于对海量数据的"学习"，可以超越人类的经验感知，更快速地识别特征、做出分析预测。交通数据信息具有异构性、多样性和海量性等特征，人工智能可以更好地处理多源异构时空数据，比如结合不同时间、地点的道路拥堵、公交、地铁、人流等信息，为大众提供实时个性化的路径导航服务。认知类的典型赋能场景包括路径规划、个性化出行推荐、行车导航、主动安全预警、驾驶员行为评估、违章抓拍、路况预测、车辆行驶轨迹跟踪等。人工智能认知类技术服务常常建立在算法研究和对业务场景的深入理解之上，此类技术的应用也在迅速推进。人工智能在完成感知、认知之后，还可以将控制信息实时发送给相关人员、设备，快速、精确地指挥行动，完成流程上的闭环。比如城市交通中的重要组成部分——信号灯系统结合车辆速度、数量以及分布密度等数据，人工智能技术可以实时分析各路段通行情况，精准调控红绿灯转换，提升信号交叉口通行效率。控制类技术的典型赋能场景包括智能客服、人机交互、辅助驾驶、信号灯控制优化、电子不停车计费等。人工智能控制类技术服务由于需要交通类终端、设备等的配合，往往需要相关主管部门、AI 企业、整车企业、交通设备企业等的协作配合，研发应用的周期相对较长。与此同时，大量的复杂场景需要综合使用人工智能的不同核心环节，才能确保良好的赋能效果，比如共享出行、智慧座舱、智能驾驶 / 远程驾驶、智慧公交、智慧高速、智慧停车、城市交通大脑等。相较于单一场景，综合应用场景的技术复杂度最高，受关注度也最高，一旦解决方案成熟，其释放的经济效益与社会效益也最大。受限于多种因素，目前此类应用还处在商业落地的早期。

在 1989 年左右，计算机科学家们提出一系列神经元网络结构，如卷积神经网络（Convolutional Neural Network,CNN），它能

自动地从具有重要学习价值的信息中抽取出来。这一系列的研究结果让我们今天所说的"深度学习"的人工智能技术成为机器智能的一个重要的内部机理。人工智能深刻地影响着人类的发展，在某种程度上，人工智能的发展是与人类发展紧密相连的，推进人工智能的发展是人类在发展过程中的必经之路。在人工智能发展的过程中，各国政府都在大力推进，所有这些都源于它们对人工智能引领经济发展的战略思考。美国国防部在人工智能的早期发展中起到了重要的推动作用。20 世纪 80 年代初期，日本作为全球第二大经济体，开发出了 5 代电脑。美国、中国等国都将机器学习技术的竞争视为未来经济发展的重要支撑点，这种重视程度也在某种程度上决定着其未来的发展方向，也引导着人工智能行业迎来一次又一次发展的高潮。所以，每一次人工智能发展的高潮都会带来它的广泛应用，都会有非常新颖的东西出现，这种情况发展反过来又会促进人工智能技术的进一步发展。

在每一次高潮结束后，那些经受挫败的挑战都会促进新技术的发展。比如，继第二代人工智能浪潮之后，在机器人与电脑游戏领域发展出的"强化学习"技术，以及由大数据分析驱动的决策系统所产生的数据挖掘技术为之后的第三次大规模的人工智能研究奠定了基础。因此，讨论人工智能对当今经济发展的影响时，不仅要着眼于当今的经济、社会，更要着眼于将其作为一种新兴的生产力。这种新的生产力和过去的蒸汽机、计算机及网络等带来了生产力变革的技术完全不同，它是一种对人类有益的生产力，它的发展可以推动人类智力的发展和扩展，而这种进步也会进一步推动机器的智力发展。因此，我们不能将人工智能的经济功能归结为"AI+"。互联网在不断地推动社会与经济的发展，并在我们的生活中渗透，而我们也正迈入了"Inside"这个人工智能的时代。人工智能除了在搜索引擎、推荐、计算、人脸识别、图像识别、语音识别、机器翻译、游戏等方面有重大突破外，在蛋白质结构预测、新药发现、国防军工等方面也取得了重大突破。如今的人工智能产业化已经朝着"智慧能量"的方向发展，这就是利用最先进的计算方法，将海量的数据集中起来，形成一个通用的、可移植的模型，以满足各种应用的需求，并解决现实中的问题。这种"大模型"是将大量的数据进行归纳和提炼，形成一种"预培训模式"，可以用来构建不同的人工智能。从 2018 年 10 月开始，谷歌推出了 BERT 模式；2020 年 5 月，Open AI 推出了 GPT-3 模式。2021 年 6 月，北京智源 AI 研究院推出了 1.75 兆的"悟道 2.0"模型。2021 年 6 月，阿里达摩研究院只用 480 片 GPU（图形处理器）就完成了我国首个一兆多模式的商用大模型。这种大模型将大数据转换为"智能能源"，基于大模型，用户可以利用自身的数据对其进行微小的调整和迁移。这是一条大有可为的工业化道路。

人工智能是一种在一定的时间内进行大量信息计算、检索、推理等的新一代科学信息技术。人工智能自己就是一个庞大的数据库，就好比我们在阅读新闻的时候，通过对这些信息中的关键词在信息数据库结构中的快速优化检索，根据信息相关准确性高低进行计算、筛选和找出适当的相关信息，从而使其达到智能的更高层次。通过这些计算机应用程序可以模拟人类智能，自主地对其做出判断和反应，可帮助学习利用人类智能进行一定的理论逻辑推理或者智能识别人类图像、声音，并对其进行判断反应，得出合理的推理结果并可预测人类的行为，可以帮助完成许多人类无法完成的复杂工作。人工智能识别领域的技术研究主要方向包括人机语言语音识别、图像识别、手势识别以及智能 VR 等几个方面。

人工智能的十年爆发式快速发展给当今全球各个制造行业带

来了新的曙光和发展机会，而且每时每刻都在不断挑战着传统的制造行业。从目前国际市场经验分析来看，在人类更高工作效率和更强生产力的需求驱动下，人工智能工业技术在许多方面通过高度自动化和高度智能化的工业技术融合应用逐步代替了一些属于机械重复的职业工作岗位，使得现代人从重复性的、以繁重体力劳动为主的职业工作中解放出来，一些属于劳动密集型的职业工作岗位被逐渐淘汰，并且出现了很多与"5G+"人工智能融合相关的职业发展体系。[①]

二、通信中的人工智能的历史发展路线

手机技术的商业化发展至今有 30 多年的历史了。1983 年 10 月，贝尔实验室与摩托罗拉公司合作开发了直到 1991 年都是世界主流的 2G 技术 GSM（全球移动通信系统），以及 2001 年能够支持语音和移动数据全部业务的第三代移动通信系统（UMTS）。到 2008 年，4G 技术 LTE（网络制式）已经广泛应用于世界各地，实现了高清晰度的语音和高速的移动数据服务。30 多年来，在几代手机通信发展过程中，手机已经从模拟到数字，从语音到会话，再到数据，再到电路交换，再到数据交换、网络，再到 IP，再到封闭的通信生态，再到整个产业。在移动通信发展的早期阶段，特别是 1G 向 3G 发展的初期阶段，移动通信服务系统仍在持续完善的过程中。

随着 4G 网络制式基本 IP 化、可以语音通话、可以进行数据交换操作以及行业赋能的纵向发展移动通信也同时被赋予了新的

---

① 王彦雨,高芳. 主要国家人工智能技术发展路线图规划模式及启示 [J]. 中国科技论坛,
2022(1):180−188.

使命，要求更深层的发展。由此，移动通信的需求更加趋于网络化、复杂化，以满足更多人的需求；通信服务的生态环境也逐渐复杂，通信网络的基本布施和服务系统将面临众多复杂的应用场景，如无线环境的复杂度、IP 的交换和路由控制的指数级选择，企业的网络支持和业务保障、网络的"一客一策"和"一时一策"等个性化服务，都要比人工的预设和执行能力强得多。

自 2001 年 3G 运营商开始应用，到 2020 年 5G 的广覆盖以及商用，在这 20 年中，随着移动网络和数据服务的迅速发展，大量的大数据在通信生态中生成，为人工智能提供了新的支撑，为通信领域的开发与应用提供了天然的优质资料来源。通用技术（GPT）一般是指能够对世界和各国经济造成影响的技术。GPT 有望对现有的经济和社会结构产生重大的影响。

在移动通信技术与人工智的发展初期，手机与人工智能发展路径明显各自为政。3GPP（第 3 代合作伙伴计划）作为一个事实技术标准的主干，其他技术标准如 ETSI（欧洲电信标准化协会）、O-RAN（开放式联盟）等作为旁线的补充。2008 年，3GPP 以SON（网络自组织）技术为主要特征，逐步将人工智能理念引入移动通信网络技术规范中。

由于受算法、计算能力、需求等因素的制约，早期电流单位（AMPS）、全球移动通信系统（GSM）等都没有涉及人工智能的应用。但是，在网络规划和优化方面，基于数据建模和模拟的分析手段已经被采用。

1999 年，3GPP 将诸如 COST Walfish-Ikegami（一种微蜂窝模型）这样的信道模态纳入到 3G 无线射频系统方案的设计中。在无线蜂窝技术日益成熟的今天，越来越多的信道模型和模拟算法应运而生。从 2008 年 3GPP 开始定义 SON 的功能开始，各种 AI算法在 SON 中的应用中不断地被挖掘出来。在初始阶段，利用基

因算法、进化算法和多目标优化算法来优化网络的覆盖范围和容量。机器智能技术赋能通信工程行业的应用研究已经成为一种关键方法，可以实现自组织、自配置、自优化、自治愈，在SON领域被广泛采用。

但是，通信人工智能在2017年才开始实现真正意义上的跨越。3GPP服务与系统工作组2（SA2）开始研究5G核心网的智能网元，即一个数据感知分析网元（NWDAF），比如寻呼加强和连接管理加强，这是根据用户体验（UE）移动性模式预测的；5G的服务品质（QoS），比如优化了用户的QoS参数；根据网络性能预测的用户面功能选择；等等。这些都对网络负荷进行了优化。

同年，欧洲电信标准化学会（ETSI）成立了致力于体验式网络管理架构、用例、术语等的经验型网络智慧（ENI）工作小组。2017年6月，电信网人工智能应用专题由中国电信标准化协会发起。2018年2月，开创无线AI框架、用例、流程、接口规范的开放无线电接入网联盟（O-RAN Alliance）成立。3GPP无线接入网络工作组无线网络架构和接口（RAN3）于2018年6月开展无线端数据采集机制研究。电信管理论坛（TMF）也在开展人工智能方面的研究。2018年10月，3GPPSA5正式启动了人工智能领域的研究，它定义了一个新的管理界面：大数据处理功能（MDAF）。ITU-TSG13于2019年6月开始进行机器学习实例的研究。

同年，全球移动通信系统协会（Global System for Mobile Communications Association,GSMA）在此基础上，对自主智能网络的案例进行了研究。2020年6月，3GPPSA5正式启动了对网络自动分类的研究。在3GPPR16（一种5G核心网）正向冻结之后，3GPPRAN3（第3代合作项目：无线接入网络）、SA2（负责制定5G网络架构、协议和接口规范的工作组）和SA5（负责制定端

到端网络切片管理架构的工作组）将进一步推动 NWDAF（一种
网络构架）、MDAF（混合发展分摊系数）、QoE（通信领域概念。
可理解为用户体验或用户感知）等标准化项目的研究，以应对新
R17 的新版本。[①]

三、通信人工智能的发展

通信的实质是由诸如移动通信、卫星通信、固定网络通信等
多种通信技术，把信息从起点传送到目的地。衡量通信品质的指
标就是能否准确、完美地再现信息。与人和动物的智能相比，人
工智能能够让计算机或机器模仿学习、解决问题等人类的思维和
认知，并在感知周围环境的时候做出反应，从而达到预期的目的。
人工智能建立了一个精确的数学模型，建立了通信和信号处理系
统。在人工智能中，深度学习可以在不需要精确的数学模型和分
析的情况下，就从数据中获取信息和做出决定。如果数学上的假
定太过精确，那么在实际应用中，通信系统很可能会与实际分离。
如果将人工智能和深度学习应用到通信系统中，那么整个学习过
程就会变得非常复杂，很可能会导致建立通信和信息模型的失败。
通信系统的特点之一就是分级自治，并利用接口的标准化，使其
相互连接，从而构成一个完整的系统。例如，在一个信号处理系
统中，发送器和接收器可以被分成几个不同的处理单元分别承担
诸如信号编码、解码、信道编码、调制、解调、去噪等功能，与
当今 IT 系统中的微型业务很相似。虽然这个体系结构并非最优
的，但是它的优势在于对各个子系统进行单独的分析与优化，使
之成为一个整体的稳定系统。30 多年来，现代移动通信系统的效

---

① 欧阳晔，王立磊，杨爱东，等.通信人工智能的下一个十年 [J]. 电信科学，2021, 37(3):1-36.

能都相当出色，接近了香农极限定理。其与传统的层次自治方法不同，采用人工智能、深度学习等方法，可将整个通信系统作为一个完整的模型加以分析和优化，从而使整个通信系统的智能化发展达到一个新的高度。这一部分将讨论通信生态系统中的人工智能发展与应用，以及通信行业标准机构对目前通信人工智能发展的等级划分。[①]

当前，虽然 5G 技术已经得到了较为迅速的发展，但从整体上来看，该技术的研发仍然处于初步发展阶段，在很多方面还存在着较为明显的不足。但需要注意的是，5G 技术还是一种全新的通信技术。因为其缺乏系统性成功经验的借鉴，还需要不断地进行探索。在制造业应用 5G 技术的过程中，因为产业体系较为健全，5G 技术便具有了较为广阔的发展前景和应用空间。对于制造企业而言，智能化技术的应用是其转型升级的关键手段。在工业环境的深刻影响下，各种设备的互通性、交互性都出现了较为明显的变动。如果可以将 5G 技术有效地运用到其中，则可以进一步提升人工智能的发展质量。如果从具体化角度进行分析，5G 技术的应用包含以下几个方面。首先是在工厂智能化转型升级的过程中，物联网作为一种关键性技术，连接了操作者和机器设备，对于企业经济效益和生产效率的提升发挥了突出性作用。若想更好地提升该技术的发展质量，使其优势可以充分彰显在工业生活活动中，需要企业相关技术人员展开针对性分析和研究，提升 5G 技术的发展质量。其次，在新技术的大力支撑下，如何提高生产的自动化控制水平，提升工作效率和质量，也是需要工作人员重点考虑的问题。该方面的关键在于提升其核心控制系统。从 5G 特点来看，其传输速度较快、功耗较低、安全性高的特征极为明显，该技术

---

① 梁春晖 .5G 通信与人工智能的技术融合分析 [J]. 电子技术 ,2022,51(3):250−251.

的合理化应用能推动工厂的自动化发展，对于系统安全性、稳定性的提升也可以产生积极作用。再次，在智能工厂的物流运输过程中，从仓库的管理到后期的配送、传输过程中，都需要利用和发挥 5G 技术的优势，进一步提升工作效率。当开展该方面操作时，需要利用 5G 技术所具备的覆盖面广、功耗低的优势，在智能工厂的运输和传递中彰显其独特的优势。最后便是在智能工厂生产方面的应用。当开展该方面作业时，智能工厂主要表现出智能化程度高、功能较为丰富的特征。若想实现该方面的操作，则需要操作人员具备较高的专业素养。在智能工厂的生产活动中，在新业务和生产的拓展与应用过程中，还需要融合 AR 技术的优势，彰显出新技术的优势。此外，该技术的使用还可以实现对生产环节的有效监控，如果需要实现远程维护的发展目标，也可以利用 AR 技术中所具备的适配性特点进行融合，以便促进生产活动的有序开展。

下面从无线接入网、核心网、传输网和终端四个方面论述人工智能在通信网中的应用。[①]

1. 无线接入网

无线接入网的实体载体是一个基站。5G 基站分为中央单位（CU）和分布单位（DU）两部分，它与常规的基带单元（BBU）相类似，由一根光纤与 AAU（主动天线单元）相连。AAU 包括常规 RRU（射频拉远单元），以及有源射频与被动天线的集成。人工智能是 CU、DU 和 AAU 三种无线接入网络，目前已广泛地应用于物理层、MAC（介质访问控制）层和网络层。

在物理层和数据链上，典型的人工智能技术包括信道质量检测、频道编译码、随机存取动态频谱等。其中，频道质量检测采

---

① 刘光毅. 专刊：通信和人工智能 [J]. 无线电通信技术,2022,48(4):559-561.

用了深度神经网络（DNN）算法，对有限的导频信号进行分析，从而帮助大型 MIMO（一种无线通信技术）系统获取频道状态的完整准确信息，即信道状态信息（CSI）。OFDM（一种扰码）码元的检测一般取决于接收机。

在 5G 通道编码和译码中，可采用 LDPC（一种前向纠错码）编码，采用波拉码进行信道控制。其中，polar 码（极化码）要达到最优解需要反复多次的迭代，而 ldpc 码（一种分组纠错码）在大块（block）、低噪声环境下的译码复杂程度很高。所以，基于卷积神经网络（CNN）、深度信任网络（DNN）和增强学习技术的各种译码算法在性能和质量上都有很好的表现，同时也降低了运算开销。在动态频谱随机访问方面，我们还可以在增强学习的基础上采用数字减影血管造影技术（DSA）来确保大型终端的动态频谱访问。

3GPP（第 3 代合作伙伴计划）在面向无线接入网络的应用层面上，定义了 SON 的标准体系，以达到自配置、自优化和自愈的目的。虽然 3GPP 并没有提出统计和数据科学的计算方法，但它提出了一套 SON 的智能方案：网络覆盖和性能优化（CCO）、节能管理；ESM（欧洲稳定机制）、天线角度远程控制（RET）、干扰缓解、自动配置小区 ID（Autopilot）；高级配置和电源管理接口（ACPCI）、移动性稳定 / 切换优化、移动性负载均衡；机动后勤保障基地（MLB），随机访问优化、跨区干扰优化；小区间干扰协调（ICIC）、随机接入通道优化；雷达视频转换器（RACO）、均衡优化负载、自我修复、小区停服检测补救、路测最小化（MDT）；等等。自 2008 年年初 3GPP 将自组织网络（SONC）技术纳入标准化工作以来，业内科学家已经对各种数据科学算法进行了试验，目的是通过 AI 技术来达到以上几种 SON 的实际应用。SON 在 3G 至 5G 发展的 12 年中总体表现比较平淡。通信标准制定人员最理想的做法就是将自动化、智能化基因植入到移动通信网路体系结构之中，不管是 SON 的分布式部署，抑或是 SON 的集中部署，或者是混合部署 SON（H-SON）。由于传统通信设备厂商更愿意将 SON 与其自身的网络架构紧密结合起来，所以多数 SON 都会支援其本身的无线网路装置。电信运营商更倾向于采用一套厂商中立的、技术中立的 SON 系统，用于其无线接入网络。SON 的新兴企业希望与电信运营商合作共同开发 SON 技术。然而，3GPPSON 在商业化过程中却很难解决厂商在功能界面、数据界面设置等方面的封闭性、非规范性等问题。美国移动通信公司在过去的 5 年里也逐步采用自主研发的方式来实现无线接入的智能化，例如，2015 年，Verizon 与思科、爱立信共同研发的 SON 系统逐渐被其自主研发的 V-SON 系统所替代。

2. 核心网

在 5G 时代，智能技术在核心网络中的应用已经取得了长足的进步。3GPPSA2 在核心网（CoreWeb）架构中定义、标准化，要求部署智能网络（WebAI）网元，这在 1G 到 5G 之间尚属首次。NWDAF（一种网络框架）架构的目的是实现 5G 核心网的移动管理、网络服务质量（QoS）、网络单元的智能管理，如 5G 核心网的用户平面功能（UPF）等，将人工智能算法与通信技术协议相结合，实现网络质量和体验的优化和提升。中美电信都在测试 5GSA（5G 专网流量）商用 NWDAF 功能（见图 1-2）。

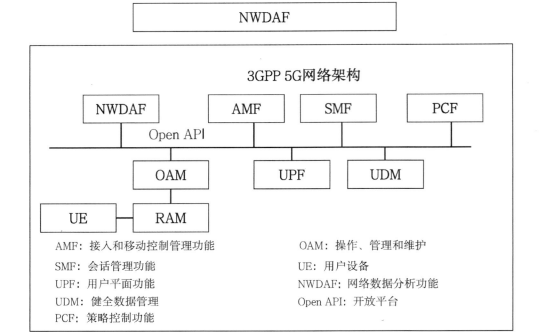

图 1-2 NWDAF 架构

开放式联盟（O-RAN 联盟）是与 3GPP 相比的新技术领域。从 2018 年起，O-RAN 联盟就建立了一个以 AI 为基础的助听器技术（RIC），它与核心网管理和编组（MANO）紧密结合。RIC 体系结构见图 1-3，RIC 被划分为非实时 Non-RTRIC（一种系统框架）和准实时 Near-RTRIC（近实时无线智能控制器）。准实时，即 RIC 在接入网络的一侧通过 E2 接口与 CU/DU 连接。准实时 RIC 的主要功能有无线资源管理、移动电话管理、无线连接管理、切换管理、无线服务质量管理等。非实时 Non-RIC 定义为准实时 Near-RIC 的核心网络，以 MANO 为基础，通过 A1 接口进行连接。它的核心功能包括基于人工智能的商业和战略管理、高级商业过程的优化、虚拟 RIC 的离线培训等。O-RAN 的 RIC 也在进行标准化和初期测试。与 3GPPNWDAF（一种接入网）相比，O-RANRIC（一种接入网）距离成熟市场仍有很大的距离。

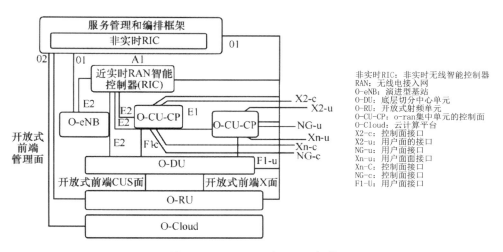

图 1-3 NWDAF 和 RIC 架构

3. 传输网

传输网是一种以物理方式将各节点联系起来并向目标传输数据的基本网络。光纤通信具有带宽大、稳定、低损耗等优点，因此，当前的主要技术是利用光网络等作为载体来实现信息的传递。在光网络的发展历程中，经历了准同步数字传输体制（PDH）、同步数字体制（SDH）、多业务传输平台（MSTP）、波分多路复用等技术的发展和革新，开发和创新了光纤放大器（WDM）、自动交换光网络（ASON）和光传输网络（OTN）技术。近年来，随着 SDN（软件定义网络）技术在光网络中的应用越来越广泛，光网络越来越多地应用到光纤网络中。软件定义光网络（SDON）在保留 ASON 动态恢复业务中断特性的基础上，重点保障网络容量，提高业务可靠性。此外，为了降低经营成本，光网络必须结合大数据、人工智能、云网等技术，以达到光网络管理的智慧化，才能提高光网络的自动化与智慧化。同时也引入认知光学网（CON）的概念，并在业界做了一番讨论。根据欧盟资助的认知决策系统（CHRON）的研究目的，认知光网络的核心是以管理网络事件为主要任务的认知决策系统（CDS）。控制和管理系统（CMS）是对相关命令进行控制和分发的，见图1-4。当前，将光网络 / 组建对象模型（SDON/CON）技术和人工智能技术相结合，已出现了诸如故障预测、缩短恢复时间、改善光信噪比等方面的研究成果。

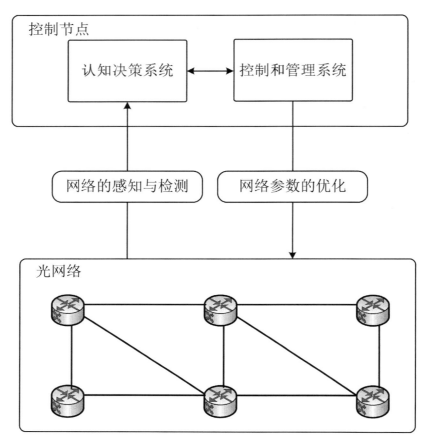

图 1-4 认知光网络的系统结构

IPv4（互联网通信协议第 4.4 版）到 IPv6（互联网通信协议第 4.6 版）的开发重点在于解决地址空间问题，以及 QoS 保障网络传输问题。基于这样的特性，IP 网的 IPv6 基础将是未来的趋势。

人工智能技术在保证承载网络的网络分层 SLA（服务级别协议）、确定性的网络传输等方面必须得到保障。例如，IP 网络的用途可以通过人工智能技术进行识别判断，从而有的放矢地保护用户的 Web 体验。但整体而言，IPv6 与 AI 的整合仍处于初期研究阶段，业界期待通过 AI 技术来监控全网络的营运状况，并能即时监测到网络中的问题与危险，并智能化地辨识网络中的异动，可根据问题查找原因，确定故障根源，并生成相应的最佳决策。为了更好地实现 IP 网络的智能化，还必须引进 IPv6、网络可编程（SRv6）、随流检测等技术，以提高 IP 网络的可视化能力和可扩展性，从而使 IPv6 技术向 IPv6+ 方向发展。当前行业内有关方面的研究尚在摸索之中。

目前资源配置和存储在云网络边缘是比较独立的，比如复杂的 AI 应用在云服务器上，以及简单轻量级的终端 AI。无论是算力网络还是 IP 网络融合、云网融合，随着 SDN、IPv6、IPv6+ 等技术的不断发展，都成为业界的新潮流。但在这一过程中仍存在不少技术难题，比如如何将路径做到最优，如何分配算力，如何保证算力的质量……这些都需要通过人工智能等技术来解决。当前有关的研究仍处在初级阶段。

4. 终端

终端包括智能终端和芯片，在终端运营系统自身和应用层面上已经有了一定的智能化应用。本文所关注的是基于终端的人工智能，在网络基础设施方面的应用还处于初期。

典型的应用是通过这两部分组成的人工智能分析引擎，向自组织网络（SON）系统或运行支持系统（OSS）汇报无线网络的智能优化。3GPP 中，采用最小化路测（MDT）来实现 3GPPSON。总的来说，在 3G/4G 时期，人工智能在通信网络基础建设方面的发展相对缓慢，但在 5G 时代，它的发展速度却是越来越快。同时，人工智能在数学和移动通信方面的研究是相对独立的，目前的数学模型还缺少物理上的解释，这就要求人工智能能够更好地理解通信系统。传统通信厂商也需要开启数据接口黑盒，进一步开放资料界面，协助业者建立一个中立性网络架构。

未来的信息空战处于陆、海、空、天、电、磁、网一体化的复杂空间环境，具有环境高复杂性、博弈强对抗性、响应高实时性、信息不完整性和边界不确定性等特点。智能无人机具有大机动能力，使其飞行包络大，能对飞行环境做出快速反应，自主适应各种不同的复杂博弈对抗环境和时时变化的作战任务与目标，因而智能无人机是未来体系作战力量中的重要组成部分。未来空战中，智能无人机将成为主体，不同类型的无人机在执行任务时互相协作、互相配合的空战模式将是未来高科技空战的主要发展方向。①

四、通信人工智能在跨领域的融合智能化发展

（一）5G+ 智能设备

5G 技术是当今先进通信技术的代表，它极大地提高了网络的带宽利用率，为无线技术的发展创造了有利的条件。人工智能通过这种技术可以直观地感受到周围的环境，并通过智能仪器来调整系统的参数，以确保频率的正确匹配。随着 5G 通信技术与人工智能的深度融合，智能手机将不会受到资源的限制。5G 与人工智能技术的结合将为各方面的智能化建设创造有利的条件，同时也有助于相关领域的智能化进程，如图 1-5 所示。②

---

① 欧阳晔,王立磊,杨爱东,等.通信人工智能的下一个十年 [J].电信科学,2021,37(3):1-36.
② 肖昭荣.5G 通信技术与人工智能的结合和发展分析 [J].数字通信世界,2021(10):121-122.

图 1-5 5G+ 智能设备

（二）5G+ 智能工厂

企业在推动社会经济发展过程中扮演非常重要的角色。为了让工业发展更上一层楼，5G 通信技术与人工智能技术的应用使工厂的智能化程度大大提升，实现工厂自动化设备之间的互联。在提高劳动改革的基础上，提高生产率，并通过与智能设备的连接来实现对工厂的实时监控，确保工厂安全、高效生产。目前最典型的智能化项目就是赛摩电气了，这家企业已经和 5G 通信公司建立了一个智能工厂，并且和华为合作，在工业上建立了一个网络平台，为 5G 技术的深入发展奠定了基础。利用人工智能技术，可以让工厂的智能化程度更上一层楼，同时也可以实现车间的智能化和数据的收集，这对公司的发展将会有很大的帮助。①

---

① 谢金水 .5G 通信技术与人工智能的融合与发展 [J]. 中国新通信 ,2021,23(21):5-6.

（三）5G+ 智能物流

先进的人工智能技术随着物流行业的迅速发展逐渐在物流行业中得到应用，特别是 5G 和 AI 技术的深度结合为物流业的发展提供了更好的技术支撑。尤其是在仓储、物流、配送等方面都有了很大的提升。在很多地区，智能配送机器人能够准确地确定配送区域，从而有效地满足顾客的送货要求。目前，京东正在建设 5G 智能物流示范园区，在物流领域应用 5G 通信技术、智能操作技术，并在智能物流园区内实现人防联动，提升园区的安全性。

（四）5G+ 智能停车

现在很多行业都在使用人工智能，智能停车系统就是其中一个重要的应用方面。随着 5G 时代的来临，智能停车平台将会随着 5G 技术的应用而不断增强，并逐步向智能停车云平台发展，从而实现对大量停车信息的快速传播和高效共享。5G+AI 技术的应用，为进一步扩充停车场管理设备提供了更好的数据交互和云计算的条件。同时，人工智能技术的进一步应用还有待于模拟和虚拟测试智能停车场云平台的建设。

随着人工智能和 5G 通信技术的发展，无线通信技术和全球实时定位技术的结合将会越来越多地被使用，从而丰富和完善智能停车平台的功能。通过收集数据、分析处理，为人们带来更优质的导航服务，帮助人们在城市中寻找停车位等，解决城市中存在的停车难等问题。[1]

（五）5G+ 智能购物

近年来，5G 通信技术和人工智能在消费领域的应用也越来越广泛。越来越多的智慧购物方式，如 5G+ 试衣镜应运而生。具体

---

[1] 吴雪,杜光焱,王乙丁."5G 时代"对智能停车的技术影响 [J]. 价值工程,2019,38(32):151–152.

来说，就是利用 5G 通信的优势，在虚拟的智能环境下实现对服装的远程控制。在这种模式下，需要通过摄像头来进行实时的身份验证，并且需要建立相应的数据库，然后才能进行真实场景的模拟。这对于 5G+AI 的需求是非常大的，需要进一步地研究和实践才能真正提升这个项目的价值。

（六）5G+ 智能金融

金融行业作为目前重要的行业发展之一，对人们的生活影响也是举足轻重的，因此，5G 以及人工智能对金融领域的应用也非常重要，能够使金融领域的发展更加迅速。借助 5G 及相关金融技术必将使得原有传统金融服务更加数字化、智能化，为金融行业的用户服务带来便利，促使金融行业体系进一步发展。5G 的发展能够帮助金融业更好地向数字化转型，也能够通过本身更加高效的通信技术了解目前金融市场的变化，从而做出更敏捷的反应。5G 与人工智能的发展能够加快人工智能与互联网技术的融合以及发展。在当前的趋势下，金融业需要不断地跟随市场的脚步加快转型，需要全新的方向指引人工智能在网点银行各个网点智能金融业务转型中的应用。金融业务网点发展智能化是网点银行和各个网点智能转型的重要基础，是银行网点的重要经营主体和组成部分，金融业务的智能转型将直接影响各个银行网点智能化业务转型战略决策和发展进程。这无疑是我国智能金融转型的初期各家商业银行的重要发展战略重点。运用智能机器深度学习、生物语义特征信息识别智能技术、语言特征识别信息技术，人工智能技术让人们在办理金融业务时更加便利，可以通过移动的网点进行办理，并且人工智能的发展可以让网点服务更加智能化，从而提高目前金融服务的效率，促进金融行业服务的进一步深化。

（七）5G 与人工智能在医疗领域的应用

2019 年以来，我国的 5G 技术处于快速的发展过程中，其中

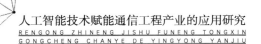

人工智能作为热门技术在我国医疗行业得到越来越广泛的应用，如临床上的医疗技术诊断、检验卫生医学（主要包括如新病原检测微生物基因检验、染色体检测病变基因分析、自动免疫采血检验机器人、血细胞分析智能化基因分析和干预测定等）、神经网络诊断技术（包括如阿尔茨海默病和帕金森病的临床诊断）、中医学、专家系统以及其他医学影像技术诊断（包括如肝和肺部恶性肿瘤的计算机影像检测、X射线照相术、心脏大小的计算分析等）。

人工智能目前在我国的医疗领域有着举足轻重的地位，其能够对医疗图像技术进行诊断和识别，从而标记出与非正常结构不同的组织；也能够通过人工智能技术快速地计算出身体的各项指标，使外科医生更准确地查出各种病症病因所在。通过先进的自然语言图像处理技术和语音识别技术，医生就能够快速地将患者的身体状态记录下来，并且还可以将这些数据与标准化的医学指导书相对应，将患者的身体状态进行对照，为他们提供诊断咨询等，这大大提高了医生的工作效率。

当前的医疗技术也可以利用人工智能来进行辅助医疗，并且可以根据 AI 的功能类型来进行功能的分类，例如医疗护理领域、临床手术领域、医用科学领域、康复治疗领域的 AI 技术，甚至可以专门研发出为残疾人、孕妇、老人等特殊群体服务的人工智能技术。

（八）5G 与人工智能在教育领域的应用

5G 技术的快速普及为人工智能技术在教育中的应用提供了基础。例如现在的写稿机器人、机器人记者、人工智能播音员以及微软（亚洲）互联网工程院研发的微软小冰，借鉴人们在现实环境中的学习交互策略和学习过程，融合深度神经网络和强化学习，形成自动强化学习模型。

人工智能不仅可以实现模拟人脑的工作以及思考的方式，还能够提高工作效率。2016 年以来，5G+ 人工智能环境已经通过各行各业的各种形式出现在我们的生活当中，教育领域也开始出现了 AI+ 教育的融合技术，一个包含多元智能教育主体的交互与学习的智能化教育生态系统正在形成。

第二章

现阶段人工智能在通信行业中的应用概述

第一节 维护和提高通信网络安全

本章通过对大量数据的分析，对 5G 网络优化过程中遇到的问题进行深入分析，并对人工智能技术的应用进行探讨。

在网络运行和维护的全生命周期中，网络优化是一个非常关键的环节。随着网络覆盖率的提高，用户数量和业务规模必将呈上升趋势，而用户数和业务量的增长又不可避免地会对使用者的使用体验及各种性能造成影响。网络优化是保持网络运行状态、提高用户体验的一个重要手段。网络优化以最优的网络性能和最优的资源利用率为目标，采用了最优的参数调节和最优的网络资源射频（RF）优化。网络优化能解决网络中出现的问题，通过数据采集、数据预处理、数据建模、方案输出和方案执行五个阶段的重复执行。资料来源包括业务能力指标、器材配置参数、路测资料、测量报告（MR）、使用者追踪资料等。根据优化内容的不同，可以将网络优化分为两种类型：基础性能优化和特殊性能优化，也就是射频最优，即无线 RF 信号优化，主要解决覆盖和基本的能量问题，比如干扰、切换。特殊优化是指通过对连接性能、移动性能和速率性能的优化来保证用户使用体验的网络性能优化。①

---

① 丁大为.移动融合承载组网维护痛点剖析及网络优化研究 [J].电子技术与软件工程，2022(8):1—4.

一、5G 网络优化的智能化需求

与传统网络制式相比，5G 网络在速率、时延、核心性能等方面引入了很多新技术，如大规模天线技术（Miassive MIMO）、上下行解耦、时隙调度等。新技术的引进带来了服务质量和服务能力的提高，但也使 5G 网络的复杂性越来越高，对 5G 网络的优化提出了更高的要求，而异构的组网结构提升了宏、微协同要求。目前，我国的 5G 商用网络已进入大规模建设时期，在网络性能要求和业务需求日益多元化的今天，运用人工智能技术来推进 5G 网络优化，将成为降低运营成本、提高资源利用率的一种有效方法。

二、基于人工智能的 5G 网络优化方案

5G 无线网络的发展趋势是朝着精细化、场景化、业务化、自动化的方向发展。精细化需要实现网格化的覆盖处理，从二维到三维，在时间尺度上进行细化。场景化仍然是以无线综合覆盖方案的优化为主，将装备与场景相结合，深入挖掘装备的功能，以满足现场的动态和突发情况，制订出具有可预测性的全时响应方案。要实现业务化，必须把各个行业的指标分开，确定重要指标的界定和评价标准，这是很有价值的。自动化是指将大数据分析与人工智能（AI）、机器学习（ML）算法相结合，使数据的收集和分析过程自动化，对人工输出方案进行仿真，并对方案进行流程化执行和反馈评价，最后使手工执行向自动化演化。

第二节　无线参数智能调优

一、无线参数智能调优流程

无线网络环境和网络结构的微小改变都会导致无线参数的调整，而无线网络的参数设定必须综合考虑周边环境、整体网络、内部环境等因素，以保证网络的最佳质量。[①]5G 的网络结构比较复杂，采用了大量的无线技术，无线参数的数量宏大，在参数优化方面，将机器学习算法和深度神经网络相结合，实现了网管数据、用户数据的自动收集、数据的清理和归类。在对场景进行建模之后，利用历史资料对模型的参数进行训练。在网络故障发生后，利用场景特征匹配模型，从现有网络中抽取数据，对其进行参数规划和调整，从而达到对无线参数进行智能优化的目的。其基本思想如下：

（1）资料收集。收集网络管理数据，例如：关键绩效指标（KPI）、核心侧和无线侧配置数据、MR 信息等；基地台周围的地形地貌、覆盖区域特征等；用户信息，包括受众分布、终端信息、呼叫跟踪信息等；计划资料，例如周边小区的结构、站型；等等。

（2）数据清洗。在数据清洗、格式整理、数据分割后，生成对象数据集合，进行关联挖掘。

（3）培训流程。在此基础上，利用 AI 算法对所得到的数据进行建模，并建立规则库，涉及性能、参数、小区特点。

（4）推论的过程。在此基础上，对小区参数、性能等进行实时采集，并利用已有的规则对网络性能进行检测。将现网数据与

---

① 沈忱，邵凌翔，彭煜玮 . 面向自动参数调优的动态负载匹配方法 [J]. 计算机应用 ,2021,41(3): 657−661.

问题推送至已训练的优化模型，通过模型预测问题的成因，并给出最优方案，包括天线调节（方位、下倾角、天线高度调节等）、参数调整（调整导频通道的功率、切换参数、调整邻区等）和新的计划方案。

（5）闭环优化。参照最优模式的调整，优化工程师对方案进行研究和执行，依次对参数进行调整，然后再进行物理调整，并根据实际调整后的效果对规则进行进一步的改进和更新。经专家研判，制定了本规则。

二、MIMO 波束管理

大规模多输入多输出技术（Massive MIMO）是 5G 标准技术中的一项重要技术，它在 5G 网络中得到了广泛的应用。它能够提高网络速率、增强网络覆盖、减少干扰、提高频谱利用率。Massive MiMo 波束赋型的基本理念是以 RF 指纹库为基础，结合数据映射，利用 AI 算法构建模型，并对历史资料进行输出波束管理规则培训，做到室内外自动管理波束、跟踪波束、判断场景、精确定位基站。

5G 多输入多输出技术（5G MIMO）技术由于天线阵列数目的增加，波束赋形性能得到了显著的提高，可以做到横纵立体波束覆盖。所有 5G 信道均可进行波束赋形，其中公共信道为静态波束，服务信道为动态波束，包括波束时域、方位、倾角在内的优化波束结构，横向波束的宽度，纵向波束的宽度，波束的功率系数等。优化波束管理主要包括宽波束和多波束轮询配置，以及波束级的权值配置优化。[①]

---

① 左扬 . 基于人工智能的 5G 无线网络智能规划和优化 [J]. 电信科学 ,2020,36(Z1):15-23.

　　Massive MIMO 技术有数以千计的调整方案，这些方案都是经过大量的数据运算和推理来决定的，而人工智能技术可以通过训练、推理、执行、迭代四个阶段来实现最优。借助 AI 算法，我们可以对用户的分布规律进行精细化的场景分析，将 Massive MIMO 波束管理规则按照场景特征进行匹配，共同对控制频道和广播频道的波束分布进行调整，实现最大的覆盖能力，达到最完美、干扰最小的理想效果。

　　举一个美术馆场景的例子：美术馆是在一定时间内以用户分布为特征，呈现规定状态的用户量和分布规律的固定场馆类的场景。基于这一特点，首先，播出权数值的设置可以自适应，这样覆盖效果才是最好的。在此基础上，实时采集现场数据，包括网管数据、用户的测量报告信息、流量统计等，然后进一步细分这样的固定场景。然后根据这一细分场景的特征值，再一次提升信道质量和信噪比，优化用户感知，实现网络性能的进一步优化，结合波束优化原则输出最优权值。最后，建立关联数据库，将权值组合、关键性能指标、用户分布等信息作为原始数据，为了便于后期网络优化和快速匹配同一场景下的最优权值获取，对现有的方案模型进行迭代优化。

三、人工智能在网络优化、运维中的典型应用

　　基于对智能算法的理解，结合网络优化、运维过程或运行机制，选取合适的输入数据，并给出输出目标，最后对相应的工具实施过程进行设计。完成最终流程，见表 2-1。

表 2-1 人工智能技术在网络优化运维中的应用场景

人工智能技术体系	相关算法理论和开发框架	网络分析、优化、运维应用方向
经典机器学习技术	监督学习：决策树	可用于网优经验规则的机器自主学习和智能优化决策：如参数优化规则，天馈优化规则等，用于生成优化规则树
	监督学习：支持向量机（SVM）、Logistics回归、KNN 算法（K- 近邻算法）	用于：网络场景的最邻近匹配和预测，及最优的无线参数设置推荐；网络指标（如容量、覆盖、干扰）的预测建模等
	监督学习：BP 神经网络	如应用在无线网络的天馈优化与覆盖的关系建模
	无监督学习：聚类 K-Means、密度聚类、DBSCAN、（具有噪声的基于密度的聚类算法）层次聚类等	用于网络多维度特征分析：如一般／特殊场景小区检测、异常网络指标检测以及 MR 数据的干扰特征检测、覆盖特征检测等
	数据预处理：特征选择	特征选择主要用于对影响网络指标的关键因素分析，自动评估各个影响网络质量的关键因素的权重系数
	数据预处理：PCA 分析（主城分分析）、SVD 分解（奇异值分解）	用于对高维度数据预处理（降维），是其他算法应用的前置环节

续表

人工智能技术体系	相关算法理论和开发框架	网络分析、优化、运维应用方向
深度学习技术	深度神经网络（DNN）	可用于更多样本数据、更多维度网络问题建模（如具备更加精细的用户分布数据、地形地貌数据、更多的参数数据），采用深度网络
	卷积神经网络（CNN）	主要用于图像分析/预测，对网络优化中的精确地形地貌的图片分析存在一定的应用价值
	循环神经网络（RNN）	目前业界主要用于对时间序列类型的数据进行分析预测，网络优化领域可用于话务容量或数据流量预测

运用人工智能技术中数据清洗、特征提取、数据分割、模型训练、输出测试等程序进行试验，根据试验结果对算法的超参数进行了修正。

第三节　基于深度学习的覆盖优化系统

覆盖优化系统是提高无线网络质量的重要内容之一。为了改善无线网络的性能，人工经验优化和仿真优化被定义为覆盖优化技术的主要集中点。人工经验优化主要通过人为主观意愿淘汰一些过去式的思路；仿真优化则主要依赖于传播方式的准确性，而不能完全考虑到用户和业务的分配情况。此系统深度剖析了覆盖优化的概念。

一、覆盖 TopN 小区问题分析

采用维护修理和大修（MRO）原始的测量报告数据，建立小区内被覆盖的架构，包括小区的地形地势及位置数据，覆盖小区范围所属、各站点位置数据、用户布局等，并根据预先设定的规则，输出小区软、硬参数的定性调节，例如接入电平、功率、A2门限（A2 事件的触发门限）、下倾角、方向角和工参准确性等问题，输出 TopN（前 N 个最好或最相关）单元的分析与质量优化的建议。

二、利用深度神经网络构建本区域的覆盖模型

利用小区网络结构、地形地貌、参数组态、覆盖指标、业务类型、干扰指标等特性，根据业务逻辑对样本进行量化，经过预处理得到精确的网络覆盖，再进行局部覆盖。

三、覆盖指标定量预测

调整动态的方向角、功率、倾斜角等方案设计，实现对弱覆盖、过覆盖等指标的定量预报。

该系统根据所预测的结果，可以自动地输出整个流程中的推荐方案。图 2-1 所示为基于深度学习的覆盖优化系统模型设计。

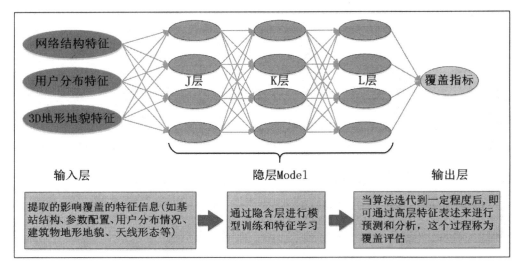

图 2-1 基于深度学习的覆盖优化系统模型设计

第四节　参数智能化设置与推荐系统

基于参数的智能化管理和分析能有效地提高网络优化的工作效率，减少运行费用。网络制式（LTE）网络中，目前各设备厂商的无线网络参数总数已经有 8 000 多个，单靠手工操作难以实现精确的组网。本系统旨在通过对已有网络智能参数的验证，迅速地复制和扩展。

一、LTE 小区特征建模

利用网络制式下构建小区特征性模型，在无线场景中选择和量化特征属性，进行精细分类，包括从用户分布、用户移动性、站型结构、业务量、邻区结构、地形地貌和互操作配置策略等方面。

二、基于聚类算法的小区特征分簇分类

对单元内进行分组分类可采用非监视下的机械学习方法：以 K-Means 算法（k 均值算法）为基础，用肘部法则获取聚类结果；基于密度的聚类算法（DBSCAN）运算速度快，可以找到任何类型的聚类，但是很难对密度进行响应，且具有较高的运算能力。平衡迭代规约和聚类算法（BIRCH）能准确定位噪声点，但其调参过程复杂，对高维数据的聚类性能差。

小区无线特征的聚类运算过程如图 2-2 所示。

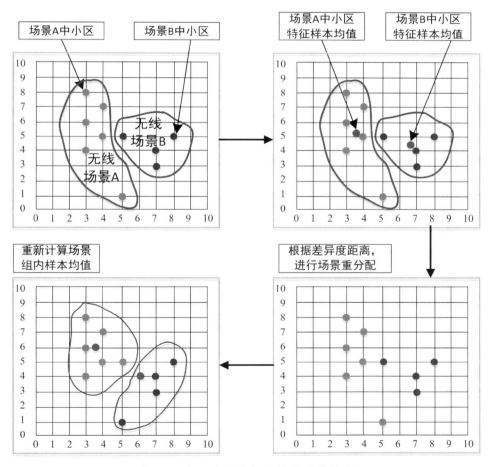

图 2-2 小区无线特征的聚类运算过程

三、参数配置与网络质量相关性分析

根据不同场景的特征聚类对分组单元进行归类，通过对网络性能的评价，在现有的网络环境下挖掘出局部参数的最优配置，并将其固化到群集中，从而实现对参数经验的自动推荐。

四、基于协同过滤算法的小区特征匹配与 LTE 参数智能化推荐

近邻算法（KNN）是一项较典型的算法，通过计算各样本之间的距离或相似性来找出与各输入样本最接近的 K 的个体 [即找到 LTE（一种网络制式）无线蜂窝的特征最接近的处理方式]。该算法的时间复杂性直接与采样数量有关，在参数优化经验库中，用最接近 LTE 特性的无线单元实现对参数取值的自动推荐。

五、故障处理

以智能技术为基础，结合目前的网络维修技术，本节提出了一套完整的故障跟踪系统，希望通过适当的过滤、筛选、匹配、分类等方式，提供正确的报警信息，并根据报警的相关关系进行追溯，对无关紧要或派生的警报进行屏蔽。这样，就可以迅速地发现网络的故障，并将通信业务模式和网络拓扑相结合，精确地进行故障定位。

1. 故障溯源相关应用场景分析

针对电信企业的具体业务情况，分析其运行中存在的问题，有利于将先进的 AI 技术应用到通信网络的维护与故障追溯中，提高运维人员的工作效率和操作体验。目前有如下一些典型的商业

情景如下。

场景1：瞬断告警

瞬断告警是指报警的发生和消除的时间非常短，并且在某个特定的阈值以下。这种报警由于周期较短，因此对维护人员的作用不大，且报警数量也会急剧上升，进而导致掩盖了真正需要报警求助的人员，提高了维护人员的识别困难。

场景2：频发告警

当同一报警 / 事件在一定时期内达到某一数量时，可以认为它们具有某种关联。通过设置报警 / 事件频率分析规则，在一定时期内，如果设置的报警 / 事件数量超出预定的阈值，那么它们就被视为具有关联。正如一张单板的温度过高或过低报警 X 分钟发生 Y 次，并产生一条新的报警信号，表明单板温度不正常。

场景3：同网元内故障影响分析

同网元故障指在相同的网络单元中，当一个实体物体（单板、拓扑）发生报警时，会引起网络单元上的其他实体和逻辑物体的关联报警。LTE 设备中的单板与单元（逻辑物体）具有相关性，因此单板失效通常也会引起小区的异常。如图 2-3 所示，4 槽背板（BPN）出现"光模块不可用告警"时，会导致 51 号 RRU 产生"远程射频单元（RRU）断链告警"，而承载在该 RRU 上的小区也会上报"LTE 小区退报告警"，即"光模块不可用告警"为根告警。

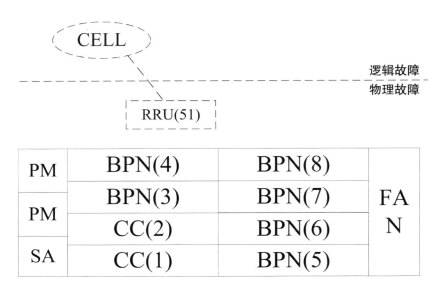

图 2-3 某同网元内故障示意图

场景 4：同专业网上下层业务故障影响分析

同专业网上下层业务故障，这种情况是由于某个故障引起的大规模报警，必须快速找到问题的根源。如图 2-4 所示，当光纤断点时，光纤所处的端口会报光信号丢失（LOS）报警，造成上层传输管理系统（TMS）、隧道、伪线、业务同时上报，这时光纤所处端口的 LOS 告警就是根告警。

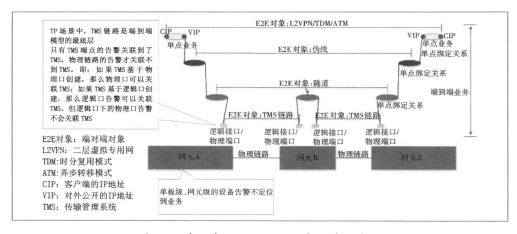

图 2-4 某同专业网上下层业务故障示意图

场景 5：跨专业网告警分析

跨专业网中光传送分为光和微波两种，其中一条连接会影响到一条或者更多的网络，如果一个链接被破坏，那么这个链接上的一个或者更多的站点就会受到影响，这时所有的基站传输系统（BTS）站点就会被关闭，而在这个过程中，任何一个 BTS 都会因为跳断而退出游戏。见图 2-5。

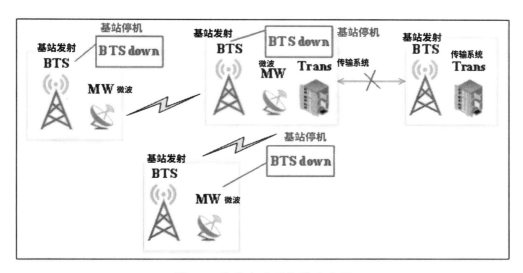

图 2-5 某跨专业网故障示意图

场景 6：综合故障诊断

故障的表现形式多种多样，可以是告警、关键性能指标有误，或者是单纯的业务无法完成，在大多数情况下，告警并不能完全反映出故障的全部原因，因此无法通过告警分析来确定故障。例如，在网络升级之后，某个 LTE 服务无法接通，可以按照图 2-6中的程序，通过对监测数据的观察，进行多种诊断操作和配置检测来确定故障的位置。

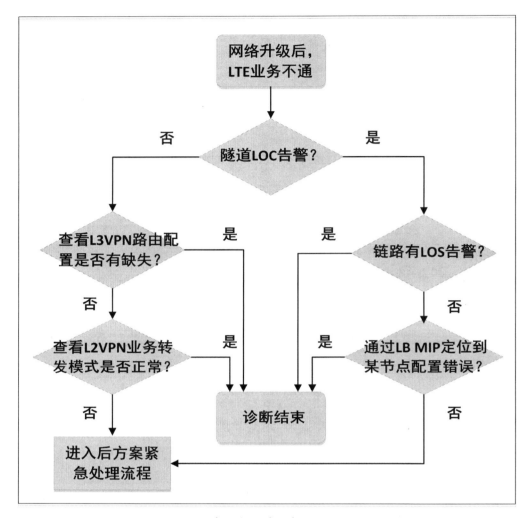

图 2-6 某综合故障分析过程流程图

2. 通信网络故障溯源整体解决方案

本书提出了一种基于关联规则的故障诊断和有效分析方法。关联规则演算法是从一组资料中找出项目间的隐含关系。通过对告警数据的多维分析，可以发现告警信号与报警信号的关联，例如告警的类型和规则。

基于人工智能的故障诊断和追踪是一种将数据关联规则分析和人工智能技术相结合的方法，并依据网络、业务上下游的关系对各种监测数据（包括告警、性能）、运行日志、故障处理历史等进行综合，并将故障特性和故障原因的相关规则进行输出，然后利用人工智能与大数据挖掘技术来进行智能诊断系统（见图2-7）。在实际的网络维护中，基于故障的特点，通过对诊断规则的自动匹配，从而得到故障的位置和相应的处理意见。

根据 AI 的学习产生一个诊断规则，然后按照规则进行失效分析。

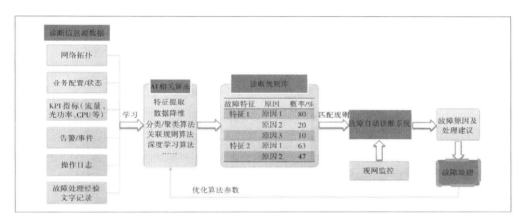

图 2-7 智能故障诊断系统示意图

第五节　基于 AI 学习生成诊断规则库

一、诊断信息获取

诊断的效果取决于诊断信息的丰富程度，因此该系统应该能够实现对整个周期（当前和历史）的实时数据的自动采集。也就是说，在现有网络中，每天记录的都是操作日志、告警、KPI、故障处理建议等，而业务状态、业务配置、网络拓扑这些记录目前

状态的数据，则是要定期采集，以供学习。

二、建立自学习能力

通过对伪线以太网（PWE3-CES）数据包丢失的故障特征进行提取，并对其周围的关键性能指标、操作日志、丢包、业务配置、业务状况等进行分析，获得故障特征。这里可以利用资料进行降维、分类。依据故障发生和消失期间的运行日志、故障文字记录、其他告警的发生和消失等有关资料，对故障发生的原因进行分析。此外，可以使用深度学习算法的关联算法，通过对大量案例的分析，找出其成因，并计算出原因的可能性。概率理论中有关的演算法可以在这里使用。

第六节　诊断规则的运行

一、实时监测

对告警进行实时监测，对流量、包丢失情况进行定时取样，并对运行日志进行记录。通过与故障特性的匹配，实现故障的诊断：实时匹配现有网络的监测数据，一旦匹配成功，立刻进行诊断。将失效原因按照概率大小顺序排列，逐一进行诊断，确定问题的原因后可以对故障进行定位，并提出相应的解决方案。故障修复确认，逆向修改诊断规则库：在故障自动回复或派单修理后，对派单中的原因进行回复，并对诊断规则的错误进行纠正。与传统的故障追溯算法相比，本算法将大量的数据资源整合在一起，包含告警、性能、拓扑资源、日志和检测指令，使得算法的追踪结果更为准确，也更具可借鉴性。

现有的告警数据处理规则主要依靠专家的经验，对不重要的告警信息进行筛选。但其缺点在于它的筛选能力很弱，而且有些规则是不能被察觉的。所以，在 IP 无线接入网络（IPRAN）中有必要运用人工智能技术来实现对告警根因的追溯，从而使告警的处理更加有效。图 2-8 显示了整体的设计思想。

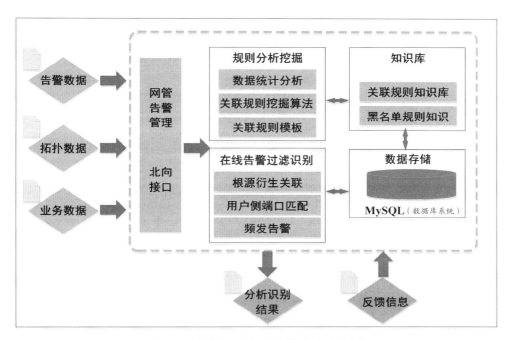

图 2-8 告警根因溯源技术方案流程图

该方案流程总体可分为以下四个步骤：

（1）数据预处理阶段。主要包含用户端侧告警匹配、频发告警识别、数据导入与清洗等。该系统的数据主要分为三类，从现有网络中抽取的告警数据、网络拓扑数据、服务数据，并将其进行清洗、集成，形成可处理数据。根据以往的操作经验，用户端的告警匹配可以排除不可靠的告警。突发告警的特定说明见第二章第四节中场景 2 的定义，这样的告警被压缩在一个端口上连续

10秒，只保留了发生告警的第一条，其余都被识别为可过滤告警。

（2）关联规则挖掘阶段。这一部分的主要算法是前缀增长算法（Prefix-Span）的时序模式挖掘。与应用程序、序列模式、时空模式等方法比较，Prefix-Span更符合实际情况。然而，传统的Prefix-Span算法并没有包含任何限制，这就使得专家们对相关规则的正确与否产生了很大的争议。以光模块不可用告警——RRU断链告警举例，为解决该问题，对Prefix-Span算法进行了改进，使得它的挖掘具有一定的限制。这时规范A被修改成了光模块不可用告警——RRU断链告警，同网元[①]，提高了挖掘算法的准确性。

（3）关联规则确认与入库。这些都包含了关联规则库和黑色名称。在此基础上，利用多个专家对前一步骤所发现的告警关联规则进行验证，并将其保存在确认关联规则库中，为后续的告警识别工作奠定基础。错误和不合理的规定会被自动列入黑名单。

（4）根告警识别阶段。即对每一个告警分成三类，分别为普通告警、根告警、衍生告警。针对八种不同的限制条件，对现有的告警进行识别，这些特征包括端口、网元、业务单元、服务ID（标识符）、直连对端、同环网元、对应业务ID关联。

二、网络安全

在一个全新的人工智能时代，我们需要更加关注的是计算机网络的安全问题，同时要不断地强化网络信息的安全保障。只有不断改善电脑网络的安全性，才能为人们提供更好的服务。

[①] 网络中同一设备或节点。

（一）人工智能时代下影响计算机网络信息安全的主要因素分析

1. 计算机网络信息特殊性和自然环境的影响

用成千上万个密封的箱子来比作数据库，而不同的数据库可列出庞大的计算机网络数据，因而计算机网络中的信息源于计算机不同的数据本身，但如果数据库受到了恶意的攻击，那么它们就会出现漏洞，很有可能会因为恶意的攻击而产生数据错误，或导致数据丢失。另外，在电脑网络上进行资讯传输时，也会有个别的团体或个人利用电脑网络技术的双重属性窃取或入侵计算机网络的资讯资料，导致网络资讯泄露。[①] 除了人的因素，电脑网络的安全还会受到天气、自然环境等因素的影响。比如雷雨天气、台风、地震等恶劣的各种突发事件都会对电脑系统造成损坏，而这些意外的损坏会导致电脑网络中的数据丢失和缺失，如果设备遭到破坏，那么我们就无法判断出当前的数据是不是完整的及精确度如何。[②]

2. 工作人员安全意识薄弱

虽然大部分电脑操作人员都很认真、专注，但是也有很多电脑操作人员对网络信息的理解不够透彻、不够谨慎、不够专注，这样的工作态度就会给具备更强大的资讯科技实力的黑客入侵和进攻的机会，进而导致网络数据的丢失，严重的甚至会导致整个网络的瘫痪。而那些具备更强大的资讯科技实力的黑客一旦进入系统，就会收集重要资料带出，从而会给个人、组织、单位、企业造成巨大的损失。

---

① 高立静. 防火墙技术在计算机网络安全中的应用 [J]. 网络安全技术与应用,2022(6):11-12.
② 邹佳彬. 基于计算机网络技术的计算机网络信息安全及其防护策略 [J]. 数字技术与应用,2021,39(11):225-227.

3. 计算机网络信息技术的漏洞和网络病毒的影响

一方面，虽然如今计算机网络技术已经进入高速发展时期，所有的技术都在不断地走向成熟和完善[1]，但是由于受到当下环境限制和影响，有些设备的网络信息安全系统还有不完善的地方，而这些缺陷就会成为电脑网络信息系统中的一个漏洞，而这个漏洞就会成为黑客和恶意分子的一个机会。[2]

另一方面就是网络病毒。网络病毒的主要攻击对象是系统，其会对系统进行破坏和攻击，而且大部分网络病毒是一种高感染力、快速传播的病毒。网络病毒杀伤力极强的特征导致了网络的安全问题。因此，网络病毒的存在无疑会增加电脑网络的安全问题。

（二）计算机网络信息出现安全问题将造成恶劣的影响和危害

1. 给个人的信息、隐私安全带来泄露风险

有些犯罪分子和黑客为了达到自己的目的，会窃取别人的电话及房屋、财产信息，甚至是发送带有网络病毒的图片、邮件，让人们的电脑、手机都中毒。他们会用偷来的信息、电话号码进行非法的交易。这些都表明电脑网络的信息安全问题将会对用户造成很大的伤害。[3]

2. 给国家发展带来不利影响

随着全球经济一体化的不断深化，各国之间的交流和合作日益频繁。同时，资讯科技与网络的发展为各国间的对话、交流与

① 闫晶. 浅析计算机网络信息安全影响因素及防范措施 [J]. 电子元器件与信息技术,2018,2(2):4-8.
② 陈志宏,江明明. 计算机网络信息安全及其防护 [J]. 电子技术,2022,51(3):132-133.
③ 陈丽钧. 计算机网络信息安全及防护对策 [J]. 电脑知识与技术,2020,16(1):8-9.

合作提供了便利。许多国际性的计划和交流活动都是通过因特网进行的。

有些黑客和不法分子会故意破坏、攻击、投放网络病毒，造成网络崩溃。他们还会入侵其他国家的网络，破坏那些国家的经济，对那些国家的经济发展造成巨大的影响。①

（三）增强和完善计算机网络信息安全防护的对策

1. 提高网络信息安全防护的重视程度，增强防护意识

要将网络的安全问题降到最低，就要最大限度地降低网络信息泄露的危险，要做好有关电脑网络资讯安全的各项防范工作。特别是要定期对有关电脑网络信息安全的工作人员和技术人员进行学习考核，使他们不但具备良好的专业技能，而且要从思想上增强对计算机网络信息安全保护的意识，还要清楚他们每个人的具体职能和职责，这样他们就能保证每一次的网络传输都能得到最好的保护。

2. 降低网络运行环境的安全风险

现在的网络环境在很多时候都是非常复杂的，特别是在网络运行的时候存在着很多的危险和不确定因素，如果不能及时解决这些问题，就会被黑客和犯罪分子抓住机会。因此要想保护网络信息的安全，就必须要对整个网络的运行环境进行仔细而全面的分析。为了提高网络的安全和健康，必须在网络中发现潜在的危险因素并加以解决，以保证网络的安全和健康。

3. 安装相应的杀毒软件，确保计算机中所有软件的安全性

随着科技的进步，杀毒软件的功能也越来越丰富，几乎涵盖了所有的风险，包括病毒识别、病毒扫描、杀毒、网络监控、隔

---

① 赵越. 基于计算机网络技术的计算机网络信息安全及其防护 [J]. 电子世界,2020(13):53-54.

离风险等，甚至还有更多的杀毒软件可以修复数据、防止黑客入侵。因此，安装杀毒软件是保护计算机网络信息安全的一种很好的措施，通过安装杀毒软件，可以定期清除文件、邮件、图片、音频等文件，这样可以减少在传输数据时受到网络病毒的威胁，同时也可以防止黑客的入侵，从而达到保护计算机网络信息的效果。[①]

4. 加强对计算机硬件设备的维护和升级

在计算机网络中，对其进行定期检查、维护和升级是一个十分重要的过程。在计算机网络中进行信息的传送时存储数据是很重要的，工作人员可以通过查看存储在系统中的硬件设备状况，从而判断出网络的运行情况，保证系统的正常工作和网络的信息安全。

5. 对网络传输数据进行加密处理

在人工智能时代，为更好地保证电脑显示器中的信息安全，人们需要对电脑中重要的数据、信息、邮件和文件进行层层加码处理。同时，这种层层加码的方式也避免了个人电脑中的信息被窃取、丢失的风险，为计算机的网络安全提供了一个十分有效的保护措施。现在市场上的识别技术很多，比如语音识别、智能卡识别、手机短信识别、指纹识别等，都让计算机的安全性得到了极大的提升。

语音识别是通过录制自己的声音进行系统识别；智能卡识别是通过个人手中的卡片贴附在相应地方进行识别；指纹识别与智能卡识别原理相同；而手机短信识别属于第三方识别，通过发来验证码的方式进行识别。

---

① 王晖.计算机网络信息安全防护技术 [J].电子技术与软件工程,2021(21):229-230.

6.根据网络数据的反馈及时进行漏洞检查，更新安装补丁程序

实施有效的网络监视是当今世界上最高效的一种网络信息安全保护手段。利用人工智能进行实时监测，可以迅速地收集和分析所有的数据，并对这些数据进行风险评估，然后利用这些数据来进行漏洞的检测，从而能够及时地进行补丁程序的安装，确保电脑网络的安全保护。[①]

第七节　数据处理及管理与智能运维

一、高效处理数据

随着数据的迅速增多，数据处理已经成为企业在充分挖掘和利用数据价值的过程中不可或缺的一部分，并逐步发展为企业的核心业务。

由于数据处理的成果是通过人工智能的输入，即对海量的数据进行处理，因此数据处理与人工智能的发展是相辅相成的。

通过对数据的处理，可以改善数据的品质，加强数据的一致性，从而为人工智能提供更好的数据。数据处理是人工智能的重要组成部分。人工智能技术使数据管理模型、主数据管理、元数据管理、数据安全管理、数据质量管理等方面都有了较大的提高。

---

① 赵道明．大数据时代计算机网络信息安全与防护措施研究 [J]．中国新通信,2020,22(13):167．

（一）数据处理为人工智能奠定基础

1.数据处理为人工智能优化数据质量

以深度学习为代表的人工智能可以分为两个阶段：训练阶段和推理阶段。深度学习方法的有效性取决于输入数据的质量，一旦输入的数据有偏差，其运算法则也会发生偏差，从而使得到的结果无法得以应用。资料管理是提高资料品质的关键。定义资料品质需求、确定资料品质度量指标、制定经营准则、制订改善资料品质计划、设计与执行资料品质管理工具、监控数据质量管理的运行流程和性能，企业能够获取干净、结构清晰的资料，从而为诸如深度学习这样的人工智能技术提供可靠的信息。

2.数据处理为人工智能保障数据隐私

目前，人工智能发展过程中最大的限制就是数据的所有权和保护。个人信息的侵害将会给个人带来巨大的财产损失，甚至是身体上的损害，因此对个人信息应当予以保护。最理想的情况是在产权层面上，相关人员可以合法地拥有自己的信息，或者说必须严格地约束这些信息的实际控制者，使他们的行为遵守法律规定。在技术手段、保障手段等方面对保护个人信息的各个环节进行设计，为企业的个人信息安全打下坚实的基础，并使其符合要求。

（二）人工智能在数据处理中的应用

1.数据模型管理

人工智能使概念模型和电脑模型之间达到了完美的融合。ER图（实体—联系图）只能用来了解客观世界，其是用电脑来完成的，所以在建立了一个概念模型之后，必须把它转化成一个计算器。知识图谱是一种重要的人工智能产品，是以图形的方式展示实体、实体属性，以及和实体之间的联系。当前，以基于语义网络体系结构的资源描述框架（RDF）模型来描述知识图谱，它的基础数据模型包含了资源、谓词和声明三大类，用以构建包含主体、属性和客体的知识图谱。

2. 元数据管理

元数据是指描述资料产品特性及与其他资料产品有关的资料，如公司所相信的价值。

（1）人工智能实现对非结构化数据的采集和关键信息的提取

在元数据管理中，元数据的获取一般都是通过建立非结构化的数据索引来实现。通过语音识别、图像识别和文本分析等技术能够提取出具有重要意义的非结构元数据。

（2）人工智能帮助维护元数据

元数据被企业看作是一个索引，所以它的质量非常关键。元数据可以帮助使用者更好地了解这些复杂的资料，因为它们是由非规则的资料所构成的。元数据的质量也是元数据迁移与集成的关键。在元数据质量维护中，人工智能不再扮演管理者的角色，而是扮演了一个轻量化、关键的技术者，其功能与数字处理中的数据质量一样。区样人工智能的作用是排除元数据存储或数据字典中重复和不一致的元数据，并根据元数据质量的规则设置给出了一个可信的问题阈值。

（3）人工智能帮助实现元数据的整合

元数据整合是指从企业内部或外部获得相关技术和业务元数据，然后把这些元数据存入元数据仓库。[1] 这个过程是基于定义的存储模式和追踪机制，如果采用自动化的话，会节省大量的人力资源。在自动控制系统中，关键的节点和节点的优化都是通过人工智能来实现的，解决了质量控制、语义过滤等问题。

---

① 李雨霏. 人工智能在数据治理中的应用 [J]. 信息通信技术与政策,2019(5):23-27.

3. 主数据管理

主数据指企业核心业务实体的数据，是在整个价值链上被重复、共享且应用于多个业务流程的、各个业务部门与各个系统之间共享的基础数据，是各业务应用和各系统之间进行信息交互的基础。

（1）人工智能帮助企业识别主数据

决定主要数据取决于企业是否了解商业要求以及对应的"黄金数据"。一般情况下，每一个主要的数据领域都有自己独特的记录体系，分布在不同的商业系统中。利用人工智能技术可以从大量的数据中筛选出经常发生的、不稳定的数据，并迅速地判断出主要数据的可靠性和可信度，并建立起一个完整的主数据视图。

（2）人工智能帮助定义和维护数据匹配规则

主要资料管理的一大难题是如何将相同的资料项目与多个系统相结合，而其中一种方法就是建立包含不同置信度的匹配接受程度的资料匹配准则。

一些匹配要求非常高的可信度，并且能够在多个区域之间精确地进行数据匹配；一些匹配可以使用更低的信任，这是因为数据值的冲突。通过机器学习和自然语言处理，可以在识别区域中重复主要数据时无须进行自动合并，并且可以确定与主要数据有关的记录，建立交叉引用关系。在提高信息管理的智能化程度方面，人工智能起着举足轻重的作用。人工智能技术未来数据处理的主要方向是利用人工智能技术降低信息管理的门槛。

二、检测通信流量异常

在互联网日益进步的今天，网络已经渗透到了我们生活的各个方面，那么网络的安全问题也就成了人们所关注的重点。而防火墙之后的入侵检测技术也得到了越来越多的研究者和工程师的关注。

传统的入侵检测方法分为两类：基于错误的入侵检测和基于异常的检测。先要进行攻击样本的收集，用特定的方式描述每个攻击。这种方法具有较高的准确率，能提供详细的攻击类型和描述，是当前入侵检测厂商常用的一种攻击手段。但是，随着时间的推移，这种方法也出现了一些问题。一方面，因为它依赖于人的自动识别机制，在网络攻击中它存在着自身的缺陷。例如，它需要维持一种代价高昂的攻击方式，而且仅能侦测到已知的攻击。另一方面，攻击者可以通过改变自己的攻击特征来隐藏自己的行为，而且有些攻击手段没有明确的目标。异常检测是针对目前存在的一些问题而提出的。这部分重点讨论基于网络通信的非正常情况下的入侵检测。

基于流量异常的检测方法有很多，但是这些方法主要存在以下问题。

（1）告警的含义不清楚。由于以上所述的入侵检测方法仅检测到一种或多种网络服务的特征向量，而选定的特征向量并无具体的攻击对象，因此在告警时，检测系统仅能感知到某些特征向量的异常，无法确定是哪一种攻击。

（2）由于互联网是一个互联的网络，虽然不需要对多个管理区域进行统一的管理，但是入侵检测系统（IDS）的出现需要各检测系统的协同工作，因此作为协作的主体，共享数据的提供就显得尤为重要。

（3）可伸缩性差。首先，目前大多数的异常检测系统都是以单个的特征向量为基础进行学习判断，对网络的异常描述能力很差。其次，在 IDS 协同工作中，如果选取较小的特征向量，则会对检测系统的扩展性能造成负面影响。

随着当前网络服务的日益增多，基于会话的状态信息的异常检测越来越受到重视，所以国防高效研究计划局（DARPA）在1998年提出的一种基于TCP/IP（传输控制或因特网）协议的41个特征向量的实时应用变得日益困难。

针对以上问题，本书基于网络业务模型引入一种基于无状态保留的网络业务，利用基本特征向量描述网络服务的实时性，并将攻击特征与服务特征相结合，使得告警含义更为清晰。在保证业务基础特性的基础上充分考虑了网络业务的规模和安全问题，同时也为不同地区间的异常监控提供了一个更加通用的平台。目前，基于网络流量的异常检测技术已成功地应用于清华大学校园网的出口监测。[1]

组合特征可以根据实际情况实时设定。针对某一种特殊的攻击，用它的一部分特征来描述该攻击。比如，在半连接洪水攻击（SYNFLOOD）的攻击中，可以采用Pkts/s（每秒传输的数据包数）、通过对SYNFLOOD攻击特性的分析，得到了平均包长、同步包数量（SYN）包数等信息。通过对已有的基本特征进行学习和训练，能够对典型或异常的攻击行为进行实时处理。该模型能够实时地检测出网络中的此类攻击。

另外，通过学习已知的攻击类型和行为，可以优化人工选择的攻击组合特性，从而更好地体现出攻击的特征。由于数据集是实时采集到的，它能反映出网络的实时状况，因此利用这些数据可以为网络中各个区域间的异常监测提供一个协作的平台。

基于网络流量的基本特性，建立了一套完整的网络流量异常分析模型。为了使算法具有较高的可伸缩性，需要对网络业务特性进行较为完整的描述。同时，由于对网络异常的实时性要求以

---

① 英锋. 网络异常流量检测方法研究 [J]. 现代信息科技,2021,5(11):14-17.

及目前计算机的运算能力等原因，对基础特征的选取并不能完全提取出全部的数据，而是需要进行筛选。

此外，在基础特性集中还有约 100 个保留位用于未来的扩充。由以上所提的各项内容组合而成了一个具有 256 个条目的基本特征集合。此基础特征集合具有如下特征：

（1）对现有网络中主要业务的各种统计数据进行了更详尽的描述。

（2）不包含 IP 地址、数据包的内容等敏感信息。

（3）它的储存空间非常有限，假如以 30 秒计算，每月约有 3 024 602=86 400 条记录，每个记录包含 256 位，以文字形式储存约 2 048 位。因此，用这样的方法保存一年的时间，需要的空间大概是 204 888 640 012=16 986 931 200 字节，相当于 17 GB 的存储空间。

实验过程：

本书所使用的实验资料是国际高级研究计划局（DARPA）1999 年所提供的实验资料。其中，第一周没有进攻，可以作为练习，下一周为测试。

我们选择了邮件轰炸（Mail Bomb）和图形数据服务（Neptune）作为测试的一部分。通过对实验数据的分析得出了 1 280 个实验数据。

实验表明，在基于网络业务模型的异常检测框架中，能够更容易地将各种基本特征结合起来，从而达到更好的检测效果。同时我们也发现，如果选择了不同的特征，那么所检测到的结果就会有很大的差别；在选择的时候，如果没有足够的基本特征，那么就会导致错误的发生。这就需要我们在选择特定的特征组合时，基于所探测到的网络的实际业务模式，对特定的组合进行特定的优化。

利用网络流量进行异常检测，可以将各种基本特征结合起来，更灵活地对不同类型的网络攻击进行识别，而每一种特征组合都代表着特定的攻击，从而使得网络流量异常预警更加具有现实意义。

同时，利用网络业务进行异常检测不仅可以得到较高的压缩率，而且能够更好地反映真实的网络流量，为以后的异常检测提供更好的平台。

三、提升运营商网络通信质量

在人工智能技术日益进步的今天，各种应用软件也逐渐进步，而人工智能技术也正逐步渗透到人类的日常生活和生产中。人工智能的发展已经成为全球科技强国、实现第四次工业革命的重要基石。智能技术的发展与通信网络的发展密切相关，它们相互促进。把人工智能比作人的脑袋，那么就可以将通信网络比喻成身体内部的神经传导系统，它负责数据的传递以及各种智能装置的正常运行。随着人工智能的应用，通信网络也得到了迅速的更新，从一个人与人之间的通信网络发展到了一个物联网络，它将连接、感知、计算三者结合在一起。

1. 人工智能提升通信网络的服务能力

通过对通信网络的自诊断、自修复、网络服务能力优化、客户服务自动化、通信网络安全监测等方面的应用，可以提高通信网络的建设、运行和管理。人工智能可以提高四大通信网络的服务功能。

（1）功能一：网络监控和管理。根据不完全的数据统计，目前的通信网故障有75%是依靠人工进行的，而人为差错占到了37%，通信网维护人员90%的工作都是在找出网络差错。人工智能技术提高了对通信网的监控和管理能力，并实现了对通信网的自动监测和预警、预测性地维护，甚至通信失败自我修正。利用图像、温度、湿度、遥感等信息的探测与分析技术，对机房、基站、光纤、通信线杆等进行 7×24 小时的监测与预警。同时，大部分的通信运营商都会在通信网络中设置各种监控节点，实时采集和分析数据，以达到实时监测、预报通信网络的目的。

（2）功能二：网络自动分配。以往对通信网进行优化时，多采用人工进行优化，不但低效，还很复杂，而且很难实现全局优化，同时，通信网络的资源与能力也难以得到充分的发挥。通过引入软件定义网络（SDN）、网络功能虚拟化（NVF）等技术，可以自动地进行通信网络的组态。同时，通信运营商也在大力引进人工智能技术（例如，在 SDN 控制系统中引入人工智能），对通信网络的历史数据和已有的数据进行智能化的分析（例如数据流和服务类型），制定了一个针对整个网络进行预测的最优配置，再交给通信网进行自动部署，以最大限度地利用有限的资源和带宽来实现通信网的服务。

（3）功能三：为顾客提供优质的服务。工作人员的服务水平与使用者的经验息息相关。电信企业的人工服务水平普遍较低，服务品质无法得到协调，且服务费用较高。以电脑客服代替全部或局部的人工客服已是大势所趋。随着语音识别技术、语义分析技术和语音合成技术的发展，计算机技术也越来越成熟。例如，中国联通的智慧客户服务 10010，就能快速、高效地为用户提供高效的客服服务，实现多轮通话，使人工客服的工作效率得到提高。而人工客服则可以集中精力处理各种复杂的需求，大大减少了客户的服务成本，将会实现全机化的顾客服务。

（4）功能四：网络安全的力量。通信网络是连接实体与虚拟世界的纽带，通信网络的安全关系到国计民生。如何有效地防止网络攻击一直是电信运营商的难题。目前，国内外的主要通信企业都在致力于提高漏洞挖掘、安全测试、威胁预警、攻击检测和紧急情况处理。

2. 人工智能促进通信网络的演进

在万物互联时代，大量数据的接入和服务将会对电信运营商的财务和技术造成很大的影响，使得电信运营商必须进行网络建设和运营服务体系的转型。在通信网络的变革中，人工智能技术的演进主要有三种方法，它们发挥着关键的作用。

（1）方法一：推动通信网络由扁平到分散（或弱中央）。传统的分层结构对实现低延迟通信业务是不利的。为了实现低延迟的通信，电信公司将边缘计算、区块链等技术应用到通信网络中，以减少边缘节点对核心节点的依赖性，提高边缘节点的独立性。例如，5G 通信网络由于采用了人工智能技术和边缘计算技术，使得 5G 具有较好的延迟性能。不难看出，通信网络将会趋于扁平化，而当网络边缘节点容量越大时，通信网络将会逐渐趋近"中心"或"弱中心"。在这种变革中，人工智能技术将起到不可替代的作用。

（2）方法二：推动通信网络间的横向协作。在全球联网的年代，由于资金、成本、技术等因素的限制，单一的电信运营商在地域覆盖率、接入能力、带宽、服务效率等方面都无法适应市场的需要，因此，电信企业间的横向协作是不可避免的。通信网络的扁平化和分散使得各个通信网络中的节点之间的协作变得更为方便。而在跨网协同方面，人工智能技术也会起到关键的作用，比如多个电信运营商的通信系统就可以利用人工智能技术对某一区域的业务需求进行预测，并在预测的基础上提前建立合作机制，从而提升合作与服务的效率。

为了适应万物互联的市场需要，电信运营商之间建立紧密的协作关系并不是一朝一夕就能完成的，大致可以分为两个阶段，即全面的竞争和紧密的协作。在这两个阶段，人工智能技术所扮演的角色是不同的。

第一个阶段是指在物联网发展初期，各大电信运营商之间的激烈竞争。电信运营商将大力发展 4G、5G 通信网络，通过采用人工智能等技术，提高网络覆盖率、接入容量、有效地利用资源、提高带宽，以达到最大的规模效益。这一阶段，它的功能主要表现为对通信网络的内部功能的挖掘。①

第二个阶段为中、晚期物联网的发展。当通信网的联结量达到一定数量后，从现有的网络建设与运作机制来看，通信网络的成本与效益都将达到一个临界点。如果单纯提高流量的话，收益很难弥补相应的费用，那么电信公司就必须考虑合作，争取更大的市场份额。在这一阶段，在各种通信网络中，人工智能将扮演越来越重要的角色。

（3）方法三：协助通信网络中的角色转变。在万物互联时代，通信网将不再是单纯的连接服务，它具备了三个主要的能力：连接、感知、计算。随着智能化技术的不断发展，网络不仅能够感知到网络中的流量变化，也能够感知到业务需求的变化，而且能够判断、预测和适应这些变化，并在学习过程中形成自己的知识系统，从而达到自我发展的目的。

3. 人工智能推动万物互联转向万物智联

在信息互联时代，人工智能将无所不在，通信网络和服务机制也会随之改变。在万物互联的时代，通信网络将具备连接、感知、计算的智能服务功能。在网络中加入了人工智能技术，该系统具有对网络业务需求的感知和预测能力，并具有对网络业务的

---

① 李勇. 通信网络工程施工质量管理控制的研究 [J]. 通讯世界,2018(6):115-116.

适应性。同时，通信网络也能为智能设备的使用提供便利的条件，同时提供知觉[①]和通信网络相关服务。人工智能、互联网、智能设备相互结合在一起，将会使一切事物都进入到万物互联的时代。

四、提升电信运营商的业务质量

近年来，随着通信网络的智能化，人工智能技术的应用越来越广泛，它克服了传统通信技术所遇到的各种瓶颈，如通信网络复杂化、用户体验多样化、业务场景多样化。中国联通在智能化网络领域有了很大的发展，其深入剖析了网络 AI 中台、智慧网络运营、智能化网络服务等方面的应用，在智能化网络中有着巨大的应用前景。[②]

自二代通信技术出现后，电信运营商的网络不断演化，网络通信逐渐由固定通信向移动通信、宽带通信转变，由电路的交流通信向云网络的整合，由所有人的连接向所有东西的连接。随着 5G 时代的到来，人工智能、大数据、云计算、物联网、工业互联网、边缘计算等领域的融合，将会促进工业的发展，产生"聚变"的效果。同时，这也是电信运营商面临的一大难题。

（1）通信网络变得复杂。5G 与 2G、3G、4G 长期共存，多系统的协作与互操作难度增大；高度密集的层次化、动态的虚拟化、云化的网络使得资源的统一调度成为一个难题；在分层解耦结构中，对故障进行定界定位的研究也日益困难。

（2）个性化的经验。沉浸的经验、即时的交互、精确的情绪和意向的感受使顾客的商业体验呈现出多元化、个性化的发展。

---

① 计算机处理和获取外部环境的各种感知信息，如声音、图像和视觉。
② 王若臣,胡迪,高峰,等.移动网络通信质量测试与评价技术初探[J].现代电信科技,2010,40(4):47-50.

（3）商业场景有很多种，比如混合现实、智慧城市、自动驾驶等，对高带宽、大连接、高可靠性、低延迟等服务需求进行了多方面的分析。传统的运维模式已经无法满足复杂的网络需求。随着人工智能技术的不断发展，可以利用 AI 与报警信息进行智能报警、原因分析、用户满意度预测、网络流量预测等。5G 时代，互联网和人工智能的融合是未来的必然趋势。AI 技术在互联网领域不断深入，其是智能技术的核心。在 5G 时代，除了带宽、连接能力和超低延迟之外，AI 技术已经成为第四大网络特征。中国联通在智能网的应用领域已有了一些成就，但是在实际应用中，人工智能技术仍有很大的发展空间，有待于系统上的突破。

通过联通网络智能化、提高网络智能化、提升品质、降低成本、提升企业的价值链实现企业的高质量发展。

第八节　促进传统媒介到智能媒介的转变

一、智能媒介的提出

智能媒介是利用人工智能技术对新闻信息的生产和传播过程进行重构的一种媒介。智能媒体是基于人工智能、移动互联网、大数据、虚拟现实等新技术的应用。智能媒介包括智能媒体、智慧媒体、智慧型媒体。媒体融合的发展可以分为三个阶段：全媒体阶段、融媒体阶段、智能媒体阶段。三个时期有各自的特点。在全媒体阶段，媒体融合是物理层面的变化，而在融媒体阶段则是化学反应，到了智能媒体阶段，则是基因层面的深度变化。[①] 智

---

① 刘萌 . 人工智能技术在媒体融合中的运用研究 [J]. 中国传媒科技 ,2021(11):154−156+147.

能媒体时代的基本特征如下。

1. 万物皆媒

从传播学的角度来看，媒介是一种通过物质手段存储和传播信息的载体。更广泛而言，任何能促进人与人、人与物、物与物之间关系的形成和交流的手段都可以被视为媒介。彭兰教授指出，"以前的媒介是由人控制的，将来机器和各种智能对象也会有媒介化的可能性。"物联网、人工智能、云技术等新技术的发展使得万物皆媒的设想成为可能。物联网的概念首次提出是在 1991 年，当时由于技术的限制并未引发关注，但是仅在 20 年后，物联网就已经发展到相当的规模。借助传感器技术的普及应用，智能物体已经逐渐开始进入我们的视野，通过终端掌控，各种物体都可以连通网络，人们可以更加容易地获得对于物体状态、动态的感知。这也给传媒产业的发展带来了无限的可能。智能物体可以在一定程度上承担信息采集和加工的任务，出现以传感器为支撑的"传感器新闻"，甚至有可能出现对象生成内容（OGC）的内容生产方式。

2. 人机共生

人与机器的互动一直以来都是科技革命时代所关心的话题，从人机大战到人机和谐共生，体现了人类作为智慧生物对待机器的态度转变，不再是排斥抵触，而是和平接纳，最终智能机器和智能物体将与人类智能相结合，形成新型的媒介商业形态。近年来，随着人工智能技术的日益成熟，我们进入了高度智能网络化的社会，人与物都充当了某种程度的媒介功能。未来，智能家居、智能汽车将会大量涌现，可穿戴设备将会广泛普及，彻底发挥人体本身的智慧终端作用。人体的终端不仅仅是指身体能够更快地将数据传输到外部世界，还指身体能够更好地获得和处理信息的能力，更好地扩展人类的认知和认知能力，让人类变成了一个移动的终端。智能终端是未来人机互动的核心，而智能手机则是目前最主要的人机交互工具，传感器芯片与人的融合将会提高人机互动的质量，机器还可以与人、物、环境相融合。

3. 自我演化

自我演化是智能媒体走向成熟的一个信号。在未来媒体的发展过程中，人与机器的高度结合让机器能够自主学习，通过智能终端更准确地为人服务。这既是机器是否能适应人类更高层次需要的挑战，也是人类能否驾驭机器不致被机器奴役的挑战。彭兰教授指出，人与机结合的媒体可以自行演化，机器可以看透人心，人类控制机器的能力互相促进。机器将会越来越多地出现在身体上，包括可穿戴装置、感应器和晶片，还有一些可以被移植到身体里。机器在人、物、环境中变得越来越隐蔽，在融合中实现共同进化。当前，英国和瑞士的科学家已经研制出一种能自我进化并不断改进性能的机器人系统，将这种系统应用在汽车制造和农业领域，机器人就能主动寻找汽车修理中的问题，尝试不同的农业灌溉方式，从而大大提高生产效率。

二、智媒的优势

大数据与人工智能的出现极大地改变了新闻传媒的生存状态，将传播力量从传统媒介转向了社会化媒体，将会开启智慧传媒的新模式与新生态。

1. 智能媒体时代新闻生产的智能化

在过去，专业的新闻加工工作都是在编辑室内完成，新闻的采编分发都遵循一套单向度的线性流程，但是技术的应用改进了这种流程，新闻生产呈现出智能化的特点。传统的新闻制作需要记者去现场采访、拍摄，将文字、图片资料带回编辑室进行编辑。

在新媒介时代，智能化的新闻采集更多依赖大数据技术、传感器技术、算法技术等，延伸了信息采集的触手，拓宽了取材的范围，提升了取材的丰富性。传感器新闻的出现正是信息采集方式的重大转变。多种智能新内容加工手段的引进使"线程"具有更大的能力。在信息收集能力方面，从"人"向"物"的多个层次贯通，形成了"全媒体贯通＋挖掘力提升＋新文本模式"的新格局。此外，在信息的整合能力、核查与判断力、协同力、分发力上都有所增强。自动化新闻的产生方式使得社会信息总量呈指数型趋势增长，新闻机器人的出现简化了新闻的制作流程，实现了机器取代人力，节省了大量的人力、物力。[①] 机器人写作可以大大加快新闻生产的速度和总量。

虽然目前的机器人写作主要是采用"人工智能"＋"自动数据填充"的方式，在新闻敏感、情感表达、深度分析和主题选择等方面存在不足，但是我们已经看到其强大的数据处理能力以及大量的稿件写作能力在媒体行业引起了巨大的变化。在新闻内容的分发上，传统的大众媒体只是将新闻在媒介上公开，并没有考虑受众的喜好。在今天，我们已经看到传受主体之间的地位发生了很大的改变，如某某头条依靠其强大的算法能力为用户精确推送信息，并打出了"你关心的，才是头条"这样的口号，精确记录用户的使用习惯和阅读行为，实现千人千面的内容分发。新华社的聊天机器人、苹果的 Siri，都可以让用户发送指令获得感兴趣的新闻资讯，从而获得个性化的内容服务。

2. 智媒时代传媒生态的变革

在媒体发展史上，任何一个技术上的重大突破都会促进媒体

---

① 王建永，王云龙，郝建飞．人工智能在媒体融合建设中的应用探究 [J]. 中国报业，2021(23)：52−53.

行业的快速发展，无论是印刷术的发明，还是无线广播、有线电视的出现，都给传媒业带来剧烈的变化。腾讯公司的高级副董事长刘胜义说，智能将会改变人与媒体、人与信息之间的关系，创造出一种全新的组织形态、生产方式和产品形态，颠覆并重构媒体生态。下半场的互联网行业将会是人工智能的舞台，无论是国内的百度、阿里巴巴和腾讯，还是国外的苹果、谷歌、微软、脸书，都将人工智能视为未来的发展方向，并开发相应的科技产品，抢占市场的有利地位。百度的"百度大脑"、腾讯的"Dreamwriter"、苹果的 Siri、微软的 Adam，各个公司都开始依据自身的特色拓展新的业务形态。传统的报纸、广播电视等传媒产业发展相对迟滞，新技术推动下的智能媒体领域快速崛起。智能媒体的发展让传统的产业结构发生了变化，传统媒体、互联网、移动互联网在 2013 年的三足鼎立格局发生了变化：2017 年，移动互联网占据了 68.3% 的市场，传统媒体则占到了 10%~50%。传统媒体的内容加工与传播方式亟须变革，传统的中央电视台、新华社、《人民日报》等媒体也在进行着智能化改造。

中央电视台一直在推进"5G+4K+AI"的节目制作和传播方面的改革，并于 2018 年 11 月 7 日与搜狗共同推出了"AI 合成主播"，在全球第五届互联网大会上，首次将语音技术与 AI 技术融合。《人民日报》传媒中心、百度、科大讯飞、快手、荣之联、凡闻等诸多高科技企业联合打造了《人民日报》的"人民日报创意大脑"，极大地提高了创作者的制作和分发能力。

基于算法推荐和大数据精准推送的人工智能带来了商业模式的转型升级，使得定向广告成为可能，极大地增强了广告的投放效果，在进行深度挖掘的基础上实现了个性化传播。人工智能推动了新闻产品的智能化，通过自动化新闻生产，受众群体细分，智能化媒体能够兼顾"头部"和"尾部"的双重用户，并且能够

通过数据分析掌握用户的购买行为，精确描绘用户画像，从而为消费者进行有针对性的商品推荐。

3. 智能媒体时代新闻从业者的转型

人工智能进入了传媒产业领域，不仅对新闻工作有重大影响，对于新闻从业者也是一次重大考验。人工智能的出现不仅带来了信息的获取、丰富的产品和创新的商业模式，还促进了媒介产业与互联网、人工智能技术的深度融合，催生了新的商业形态，重构了媒介生态，重构了媒介的组织架构，改变了媒介的职业发展模式。媒体从业者的转型，从更深层面的角度来说是媒体从业者角色的转变。在传统媒体时代，个人或机构是信息传递的"看门人"，而人工智能技术日益进步，把关人成为 AI 智能系统，这对媒体从业者职业提出了重大的挑战。

全媒体时代已经提出了"全能型"记者的目标，其需要能适应多种工作环境，是集策划、采访、写作、编辑、摄影摄像、出镜播报等技能于一体的新闻专业人才。从技术的角度看，随着新闻的制作和传播越来越专业化，一个记者的知识和视野已经远远不够，必须要有先进的技术才能让有价值的信息得到最好的传播。抖音、快手的一夜爆红，VR、AR 技术的进一步发展，都在促使新闻从业者与时俱进，更新职业技能。智能媒体时代，人工智能在一定程度上为新闻工作者减轻了信息采集、筛选和新闻制作、分发的压力，然而这些数字背后所蕴含的新闻价值和真实程度对记者们的要求也越来越高。机器人新闻虽然可以大大提高劳动效率，但是在内容的逻辑和深度上还有所不足，也缺少相应的思维创意和同理心，编辑人员需要进行把关，查漏补缺，为内容增加厚度、广度和深度，针对大数据无法采集到的信息，还需要利用传统的信息采集方式进行补充。在媒介内容的加工过程中，机器可以承担大部分的简单重复性工作，新闻从业者则需要提供更多的灵感与创意，机器可以对大量的数据进行搜集分析，但是需要新闻工作人员进行基于数据的宏观决策。智能媒体时代，新闻工作者需要进行更加富有创造性的脑力劳动。

第三章

人工智能技术在通信领域中的应用与研究

人工智能的兴起为各行各业带来了新的发展。在与人工智能的融合下，各项产业将会走上一条全新的发展道路。我们发展需要通信技术，所以很多人都想知道，人工智能将会给通信行业带来怎样的变化。

众所周知，通信网络是我们日常生活中不可或缺的一部分，通信网络通常有两项主要工作：网络控制和网络管理与维持。网络管理是指如何在一个通信网中进行有效的资源分配，以提高网络利用率，为用户提供更好的服务。网络管理与维护是指正确地了解网络的需要，并对其进行最佳的设计和部署，并能实时地了解网络状态，及时进行故障诊断，而且随着人工智能的发展，网络运行会变得更加自动化，几乎不需要太多的专业人士。前几年出现的人工智能公司，其技术都比较成熟，就像某公司，一开始的时候还不够流畅，但现在它的技术已经非常好了。因此，如果技术差距不大，那么技术上的突破就会变得很难，必须要找到一个可以让使用者达到极限的点，才能让使用者的体验达到最好的效果。

当然，最受欢迎的还是无人驾驶汽车，不过这其中也有一些管理上的问题。无人驾驶汽车何时才能被批准在路上行驶；发生意外时应该由机械还是人类来承担责任，都还是疑问。等到科技发展到一定程度，我们就可以利用它使我们的生活发生翻天覆地的变化。

第一节　人工智能技术在通信工程数字化设计中的应用

本部分主要介绍利用智能技术实现通信机房的三维重建、三维语义分割、目标检测、文字识别原理（OCR）识别等方面的应用。本技术方案能够应用于通信设施的三维重构、AR再现、设备信息的自动识别、建立和完善工业基础设施的三维智能平台。借助这个平台可以推动勘察作业自动化，为电信工程设计单位实现数字化转型奠定基础。

近几年，为了落实国务院国有资产监督管理委员会关于国企数字化改造的要求，中国联通公司及其所属的通信工程设计公司纷纷进行了数字化改造。通信工程设计公司的核心业务是为电信运营商提供技术咨询、工程方案规划、可行性研究报告、工程设计等。过去的工作模式多为工程师个体或者小组协作，通过知识服务来实现。而今通信工程设计的数字化转型是对通信工程设计工作的一次重要变革，它把网络资源、业务数据、专家知识等整合在一起，以集中的、结构化的数据为依据，实现了通信工程的大量设计。

通信工程的根本基础在于数字化。所谓数字化，不仅仅指通信机房，还包含空调、电源、网络、计算等通信设施资源等，这些资源的整合才是实现通信工程设计的数字化基础。根据数据显示，中国联通现有的大型机房约10 000个（占地300~500平方米），以及几十万个基站室（20~50平方米）。如何快速、准确地实现大规模的通信机房及相关通信设备的数字化，是当前通信工程设计数字化转型的一个重大课题。

在现有的网络资源面前，仅靠人力来实现局室和设备资源的数字化是不现实的，应利用现代人工智能、三维重建、三维语义分割、目标识别、OCR识别等技术，将海量的现有网络资源进行数字化，为信息化建设打下坚实的基础。

这一部分重点介绍在信息工程局机房和设备的数字化过程中所采用的相关原理、技术方案、实施过程和实施效果。

一、数字化勘察作业流程

为了实现对通信设备的数字化，需要采用人工智能技术来实现勘测工作的全过程。这个工作流程图如图3-1所示。

（1）收集原始资料。要求勘测人员在工地上使用专门的照相技术，采集机房、机柜、仪器等的原始影像资料。

（2）采用相关的深度学习方法，构建一个计算机机房的三维模型，并识别它的内部设备类别、板卡和端口占用情况以及内部设备的标识。

（3）将所获取的图像与实际机房中的机箱或装置相对应。

（4）按照（2）和（3），获得一个完全的设备资源向量模型，并以json格式存储。

（5）在向量模型的基础上，人工修改或补充向量模型，并向深度学习算法提出新的补充属性，不断改进算法的识别类型，从而实现闭环。[①]

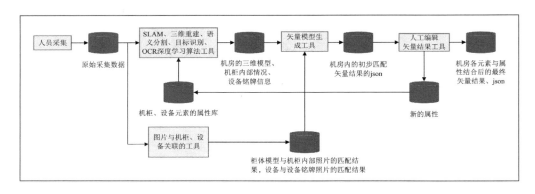

图3-1 数字化勘察作业流程

---

① 王政，竹梦圆，武欢，等.人工智能技术在通信工程数字化设计中的应用 [J].邮电设计技术,2021(6):29-34.

二、SLAM 技术应用

在数字化勘察中，勘察者亲自到现场，利用全景照相技术对机房环境进行数据采集。这些数据为下一步的三维重构提供了依据。首先，要确保图像重构的质量并提高重构的准确率，就需要确保所拍摄的图像和所获取的图像数据能完全覆盖整个重建区域，避免出现空洞等问题，严重影响重建信息的完整性。为了帮助勘察者及时查找到采集过程中存在的疏漏，我们还开发了一种实时预览功能，能够在采集的过程中及时发现所扫描的疏漏并及时进行补扫，避免因缺少样本而造成二次采集，提高了数据的收集效率。其次，三维重构方法既要有全景摄像机的关键帧，又要有全景摄像机在世界坐标系统中的六个自由度姿态（包括 3 个平动和 3 个转动）的数据。在获取视频的同时，可以获取视频的关键帧，并通过 SLAM（Simultaneous Localization and Mapping，即时定位与地图构建）来进行实时的观测和六个自由度的位姿计算。SLAM 是机器人通过视觉、激光、里程计等多种传感器来完成对未知环境的自动定位。目前，针对 SLAM 问题的研究方法主要有在机器人身上加装多种传感器，利用信息融合技术精确地实现机器人的位置与空间模型的建立。SLAM 采用多种传感器，如激光和视觉传感器，但其处理流程一般分为两个阶段（参见图 3-1）：前端帧间估算和后端优化。前端帧间估计算法主要用于获取两个传感器传递信息时的运动估计，后端优化算法主要用于检测闭环之后的机器人的历史路径。当测量里程计等传感器的数据累积时，后端的优化问题就变得尤为重要。与传统的激光传感器相比，基于颜色、纹理等多种感知信息的视觉传感器在改善图像的帧间识别准确度和闭环识别准确率上具有很好的应用前景。

SLAM 是以图像为主要环境感知信息来源的系统，其在无人

驾驶、增强现实等方面具有广泛的应用前景。传统 SLAM 方法是以摄像机姿态估计为主要目标，采用多角度几何学的方法来重构立体图。局部 SLAM 方法首先对稀疏图像进行特征抽取，然后通过特征点之间的匹配实现帧内估计和闭环检测，从而提高数据处理的效率，这是一种以 SIFT（尺度不变特征转换）为基础的 SLAM 与 ORB 特性。

SIFT 和 ORB 特性由于具有良好的鲁棒性、良好的识别性能和快速的运算速度，已被广泛地用于可视化 SLAM 中。然而目前人工合成的稀疏图像具有诸多限制：一方面，如何利用稀疏图像的特点来表达图像的信息仍是计算机视觉研究中亟待解决的问题；从另一个方面来看，稀疏图像在处理光照变化、动态目标运动、改变摄像机参数、缺乏纹理或单一纹理的情况下，仍存在着许多困难。针对上述问题，近年来，基于深度学习技术的分层特征抽取技术在 SLAM 中得到了广泛的应用。深度学习是目前计算机视觉中最主要的一种方法，它依靠多层神经网络来学习图像的层次结构，从而达到较高的识别精度。同时，利用 SLAM 技术可以生成一幅场景中的语义图表，并构建一个面向对象的语义知识库，实现了基于语义的推理，提高了机器人的服务和智能。

本书采用介绍语双镜头式全景照相机，对装置进行六个自由度姿态的实时追踪。该方法利用图像处理、关键点提取、关键点追踪、关键点间的联系等一系列操作，可以获得关键点的相关信息，并结合惯性传感器（IMU）观察到的载体（全景照相机）的运动状况进行位置估算，从而推断出目标的精确位置。在此，我们必须建立一个最优的迭代解问题：精确的定位必须是以高精度的、不会有偏差的地图为基础，而高精度的地图则要求精确的位置估算。通过迭代优化可以准确地求出三维立体摄像机在全球坐标系统中的六个维度以及周围环境中的重要节点。在算法的背景下，将维护的视频关键帧保存起来，以便将其与关键帧进行比较，以达到回环的目的，通过对移动中的环境噪声进行累积，减少对定位精度的影响。该方法可以将最大的全景照相系统中的六个自由度的实时姿态作为下一步的三维重构算法，并将其还原为三维空间。

三、三维重构技术

在信息技术飞速发展的今天，三维重构技术已经越来越成熟，三维技术在网络建设、维护、运营等领域中的应用，能够更直观、更清晰地展现出更多的信息。为使计算机机房的三维可视化、三维勘察设计和现场环境 AR 重现，必须对机房和室内设备进行三维重构。

三维重构技术是利用影像所捕捉到的视觉信息和定位信息以获得目标和场景的立体模型。该方法主要是通过对三维点云进行特征立体匹配的搜索，然后利用栅格构造技术对三维点云进行空间和对象的几何形状进行提取。基于 3D 重建技术，可以生成 3D 点云模型、带有纹理的 3D 网格模型和全景漫游模型，它们都包括了虚拟现实中的实体物体的空间坐标、方向等空间信息，并且能够与现实中的场景进行一对一的匹配，从而实现 AR 漫游和远程监测。

当前的三维重构技术主要有有源光学和被动光学。本书介绍了一种新的概念：光重构，它包括有源和无源两种。有源光学重构通常是通过结构光源的辐射和接收来实现的，目前主要的技术有激光扫描、结构光、阴影、飞行时间（TOF）[①]、雷达、Kinect

---

① 一种测距方法。

（3D 体感摄影机）等；无源光学重构是根据视差原理从多个角度提取图像信息，主要有单目视、双目视觉、多目视觉等。

本书通过对国内、国外先进的 3D 重建装置与技术方案的实验系统的分析，发现通信站的周围环境和设备中，特征点较少，表面构造主要是镂空和玻璃，严重影响了激光的发射与接收。图 3-2 显示了对机柜进行的激光三维重构仿真结果：一方面，由于柜门是空心的，所以在接收到的激光信号中会有一些特征点丢失，导致模型中的空洞很大，从而对模型的准确性造成很大的影响；另一方面，利用无源光源进行建模，尽管可以得到比较完整的数据，但是要达到较好的模型效果还需进一步研究和优化建模算法。

图 3-2 机柜在主动光重建下的效果

在对比和试验了各种 3D 重构装置和技术方案后，选择了基于全景照相的无源光学三维重构技术。根据 SLAM 算法产生摄像机姿态，利用全景图像序列来还原出密集的三维点云结构。下面是重构的过程：

（1）采用稠密立体匹配技术，根据 SLAM 算法产生的摄像机位置，对每个图像进行深度重构。

（2）与相位姿相结合，将一系列的影像深度图合并为密集的三维点云。

（3）利用曲面网格提取技术从密集的三维点云中提取出密集的三维场景网格。

最后，采用第三章的 SLAM 算法，利用全景摄像机获取图像序列，利用三维密度重构技术建立一个密集的三维点云和网格模型，点云和网格模型的顶点都是彩色的，点云和网格模型的坐标与由移动复原算法计算的摄像机姿态坐标是一致的。最后本书提出了一种基于纹理贴图的方法，将多个角度的图像序列与摄像机的位姿进行纹理映射，并将其绘制为具有无缝纹理贴图的密集三维网格。

通过对该方案的多次试验，表明该方法在传输机房环境中的重构精度和重构完整性都要好于传统的三维重构技术，基本可以满足通信系统的数字化设计需求（参见图 3-3）。

图 3-3 机房三维建模结果

利用 3D 全景照相机等软硬件和 3D 重构技术对大型局内和设备进行数字化处理。目前，中国联通电信工程设计公司已经将一套数字化技术应用于电信工程领域。人工智能技术代替了以前大量的勘察、信息收集、整理等工作，成为通信管理局和设备数字化的重要手段。

第二节　人工智能产品在通信领域的应用研究

以大数据为基础，运营商可以采用人工智能构建智能应用平台，并运用大量的数据资源，进行数据挖掘和数据分析，构建基于机器学习和训练的数学模型，使各应用系统智能化。图 3-4 展示了一个人工智能的架构。

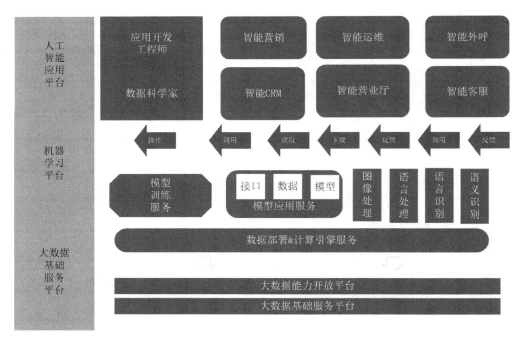

图 3-4 人工智能应用平台架构

一、智能营销

（一）智能营销的定义

智能营销是基于人工智能、大数据、云计算、区块链、AR/VR/MR（混合现实）、5G、智能物联网等新的资讯科技，开发智能化、自动化的数字营销工具与平台，为数字营销提供智能匹配、智能标签化、智能获取、智能执行等数字生态下的服务，是营销传播的革命。它的本质就是利用人工智能机器学习和自然语言学习等技术，对使用者的信息进行有效的分析，从而实现精准的广告投放。

（二）智能营销的特点

1. 实现品牌营销的多种多样

在网络时代，产品的设计要建立在数据分析的基础之上，以服务交换，这样就可以从大量的平台中获取数据，从而为用户提供更为精确的服务。在消费者中，口碑传播的方法有助于品牌对用户进行更全面的描述，从而丰富其营销手段。

2. 数字科技贯穿消费全程

目前，人工智能、AR、VR 等技术的应用给消费者带来了极大的方便和良好的消费体验。在现实生活中，我们常常会见到数码科技在实体商店中的运用，特别是在智能试穿、移动支付等方面。利用这些技术可以让消费者对商品有更多的认识；可以让商家根据顾客的购买记录来确定顾客对品牌的偏好，并对其进行数据的整理和分析，最终达到为顾客提供个性化服务的目的。

3. 营销的时效与转化对于品牌广告非常重要

随着人工智能时代的来临，品牌商的营销手段也发生了变化，越来越多的品牌商开始削减广告开支，采用智能营销的方法来降

低自己的广告费用，如某某可乐也在做着改变，它们的销售模式，不再只是单纯地用投资型回报，而是用更快的速度来赚钱。

4.品牌与消费者互利共生

数码技术已不再是一种高高在上的观念，它更像是一种与人民生活息息相关的生活产物。因此，人们的观念也发生了翻天覆地的变化，以前的现金支付、当面交易都被移动支付、线上支付等新的电子支付方式所取代。随着消费个性化，个性化的消费趋势逐渐显现，对产品的品质、包装等方面的新要求和新的需求使品牌与消费者之间的交流增多，提升了品牌的时代内涵。

（三）智能营销的意义

1.从二维模糊到立体多维

随着人工智能时代的来临，通过对用户的阅读、消费习惯等信息的分析，企业能够在海量的客户群中准确地判断出用户的消费习惯，实现从二维的模糊到三维的多维度的转型。立体消费数据分析可以实时地分析消费者的形象和消费意图，有利于通过对消费者的肖像和意图的分析来实现对智能广告的品牌传播，并以此来促进广告传播的跨场景识别。运用人工智能技术可准确地识别出每个顾客在不同情况下的购物需求和购买力，从而达到提升营销率的目的。

2.从千人一面到千人千面

在人工智能时代，每个用户都是一个整体，营销沟通的理念就是通过数据的分析准确地联系到每个消费者，营销创意也是针对每个客户的，根据客户的不同情况，营销和传播的创意也会有很大的差异。

二、智能运维

（一）智能运维的定义

智能运维（AIOps）是一种基于 AI 算法的运营模式，通过对大量运营数据进行自动学习，并对规则进行总结，从而做出相应的决策。智能运维能够快速地对数据进行处理，高效地运行决策，对运行的自动脚本进行全面的维护，从而实现对大型系统的高效维护。

智能运维是基于大数据和机器学习技术对大量数据进行分析，实现对大量数据的实时分析和离线分析，实现自动化、人性化、动态可视化，从而增强传统的运维管理能力。

（二）智能运维的好处

传统的运营模式在智能化转型过程中所面临的三大挑战。

1. 安全运行

智能运维对于技术系统的安全、稳定运行有很高的要求，但它的功能涵盖了多个系统，以事后处理为主，故障定位困难，处理效率低，无法满足异常的快速定位和处理。

2. 人力紧缺

由于作业内容枯燥、工作量大，运维岗位对作业人员的吸引力较低，没有太多的人愿意投身到这个行业中。但是在技术体系发展过程中，维护需求持续增长，这就意味着只有源源不断的人员投入工作，才能保证整体产业的平稳运行，供求关系的不平衡导致了人才短缺是不可避免的。

3. 远程运维

在单一的数据中心向多个数据中心过渡时，存在着地理位置偏僻、监测工作重复等问题，使得传统的运维模式成本和压力更大。

要解决上述问题，单纯靠传统的技术是没有办法达到的，想要得到进一步的发展，就需要引入新技术、新思想、新制度，提高运维管理水平，保证系统的安全、稳定和高效运转。目前，相关技术已经由自动化管理转向了智能化，在人工智能的帮助下，远程运维的质量和效率得到了进一步的提升。

当前，很多企业都在进行智能运维的规划，探讨在运营管理中应用人工智能技术，实现事前智能预警、事后快速定位等一系列智能运维目标，以便适应新环境下三大运维挑战，进一步解放与发展生产力。

（三）智能运维的应用场景

智能运维的构建是从一个单一的局部应用到一个单一的功能，再到一个完整的局部问题的解决，直至将所有的智能运行场景都整合在一起，形成一个智能化的运营系统。

智能维护的应用方案可以分成下列层次。

1. 运维大数据平台建设

数据是智能运维的基础，想要完成智能维护任务，就需要构建运维大数据平台，对运维数据进行采集、分析、存储、界定标准化指标体系、筛选运维数据，并积累大量有用的运维数据。通过对系统性能指标的分析，可以对操作系统、数据库、中间件等进行分析，分析系统的工作状态，为后续的检测、预测、分析提供依据。

2. 局部场景智能化

局部场景智能化是对运维场景中硬件、网络和数据库分别进行智能监控、异常预警、故障发现和自我修复等方面的应用。通过对本地场景的智能实施，可以快速提高故障发现、处理和排查的效率，保证企业的正常运营。同时，该能力的实施可以使智能运维具备场景化、标准化、自动化等功能。

就拿网络异常来说，当智能运维系统检测到有不正常的指示物时，报警的时间就会被触发；当维护人员发现并确认了错误之后，就会通过机器学习的方法准确地找到问题所在，然后呼叫自动维护工具进行维修，从而实现这种情况下的自我恢复。

（四）智能运维的应用平台事例

1. 阿里巴巴

阿里巴巴研发了一种基于机器学习的智能故障管理平台，能够快速地检测和发现业务异常。通过时间序列分析、机器学习等方法，可以实现对企业未来经营指标的发展趋势的预测。阿里云上已成功实行智能运维，故障发现准确率提高至 80%，召回率升至 90%，这为由于误报浪费的操作时间省下了 29 小时。

2. 百度

基于智能服务计划，百度成功地对单室设备进行了故障自修。我们可以将止损分成三个阶段：感知、决策和执行。通过策略架构，可以有效地检测异常、进行策略编排和业务规划，从而增强单个机房的故障自愈能力。

3. 京东金融

京东金融将智能巡检机器人部署到云计算数据中心，提升了数据中心和机房的监控效率以及智能化管理水平，避免了人为的错误检查和漏检，可以有效地管理和使用监控数据。

4. 腾讯

腾讯利用机器学习技术，在织云监测平台上成功地完成了对时间序列异常的检测，并在很短的时间内对大量的基于时间序列的日志进行了检测。

在复杂多变的运行监测数据中，如何快速、准确、自动地找到用户所需的数据和结果是目前智能运维工作面临的最大难题。所以，在当前的智能运维体系中，如何使计算机成为一名有经验的"运行人员"是目前的一大难题，而在运营管理中引入人工智能技术则是未来的发展方向。下面是智能维护流程：首先，要对数据进行区分和提炼，利用数据的趋势分析对重点对象的信息进行抽取。其次，采用数据挖掘和深度学习的方法对原因进行深入的研究，建立一种基于神经网络的机器学习模型。最后，在维护数据的基础上对智能设备的辨识与分析能力进行持续学习，提高自诊断的精确度，并逐渐降低对维护人员的依赖，使其能够自主做出决定。图 3-5 中显示了智能维护基础体系结构。总之，随着人工智能的出现，新的运营管理开始了。[①]

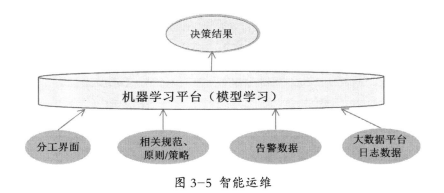

图 3-5 智能运维

三、智能客服

当你买东西的时候，会不会觉得营业员的推销很烦？智能客服或许能够解决这个问题。图 3-6 显示了智能客户服务系统的逻辑。

---

① 资料来源于网络：www.sgpjbg.com/info/c1bd9a04e29ea1f44a8989dc45e42563.html

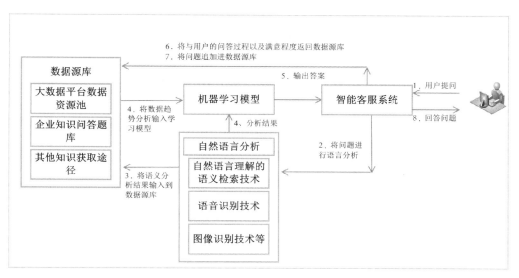

图 3-6 智能客服应答逻辑图

（1）一个问题由使用者提出。

（2）智能客户服务系统向数据源和自然语言分析模块发送问题。

（3）将语义分析结果输入到数据源和机器学习模式。

（4）数据源库利用数据挖掘、统计等技术向机器学习模型传递趋势分析的结果。

（5）通过学习机器学习模式向智能客服系统中输入问题的回答并向用户反馈。

（6）智能系统会将所有与使用者的交流信息反馈给资料库，以便进行修改和学习。智能客户服务系统与自然语言分析技术相结合，可以对海量的数据进行趋势分析，建立机器学习模型，并在反复的学习中正确地回答使用者的问题。同时，它还可以向用户介绍自己感兴趣的业务，并根据运营商的发展需要为用户提供"广告位"等服务。

四、结束语

人工智能受到了极大的重视，各大运营商都在积极探讨人工智能技术的运用以优化网络、解决企业经营决策的问题，而云计算、大数据等都是人工智能技术发展的重要因素。

第三节　人工智能技术在通信安全防御系统中的应用研究

云计算、大数据、5G 通信等技术在金融证券、旅游、网上学习、电子商务、电子政务等方面都有很大的发展，目前已进入"互联网＋"的时代。

然而随着网络通信技术的发展，网络通信技术在为人们民服务的同时也受到了一定程度的威胁，其中包括勒索病毒、木马等，这将对"互联网＋"的推广造成很大的冲击。在网络瘫痪造成巨大损失的时候，犯罪分子会趁机敲诈大公司。因此，必须引入先进的安全防护技术，以进一步增强网络的安全性。下面我们介绍在通信安全方面的人工智能技术。①

经过多年的研究与实践，国内外许多学者和公司都在积极开展通信安全防护，包括 360 安全卫士、Kabasky 反病毒等。通过对比近年来较为普遍的几种通信安全保护系统，可以看出目前通信安全防护体系在许多方面都有应用，比如电商、大数据中心、电子政务等，同时也为百度、腾讯、阿里等提供商提供了更好的保

---

① 王斌，李鸿飞，许少蔚. 人工智能技术在通信安全防御系统中的应用与研究 [J]. 电子测试，2022(1):125−127.

障。本书从通信网络过滤、门禁的安全防护实战出发，对通信安全防护体系进行详细的讲解，对反病毒软件等进行了论述。

1. 访问控制系统

接入控制技术是目前最普遍、最简单的通信安全防护技术，能够将一种类似于网络安全关口（安全接入服务器）部署到大型中小型企业实际的应用需求之上。运营商的机房有接入控制系统，如移动、电信、联通等，且该系统还能针对各省、市的规模，设置相应的防护规则，使其在实际应用中更加灵活。

2. 深度包过滤系统

深度包过滤系统（Deep Packet）是门禁系统的升级版本，也是安全防护公司开发的一种通信级防护技术，可以检测到每一个数据包，包括应用层、传输层、网络层，数据包的 Packet（包）部分、Data（数据）部分能够完整地被检测出来，防止木马、病毒等隐藏在这些地方。在天猫商城、苏宁商城、京东商城、手机银行等都有深度的数据包过滤系统，从根本上防止用户和商家的损失。

3. 杀毒软件系统

杀毒软件系统是保护网络安全的一种有效方法。由于网络运行过程中不可避免地会有木马或者病毒的侵入，所以当遇到安全问题时网络会立即启动反病毒程序，使其能够被清除。网络在经历了多年的发展和应用后，卡巴斯基、360 等大公司相继问世，开发了更高级的杀毒软件，并引进了脱壳技术、修复技术和自我防护技术，通过这些技术可以增强病毒和木马的杀伤能力，防止非法数据包利用高级隐藏技术进行欺骗，入侵网络服务器，污染和损坏数据，不利于网络的正常运行。

由于木马和病毒的长期存在，一旦技术升级，将会对通信系统构成极大的威胁和损害。所以，在通信系统中，对其进行预防是一个非常重要的问题。人工智能是基于模型识别和机器学习的技术，能够通过病毒、木马的特征及数量，实现自我进化，不断提高通信安全的能力。图 3-7 为以人工智能为基础的通信安全防护体系的业务流程。

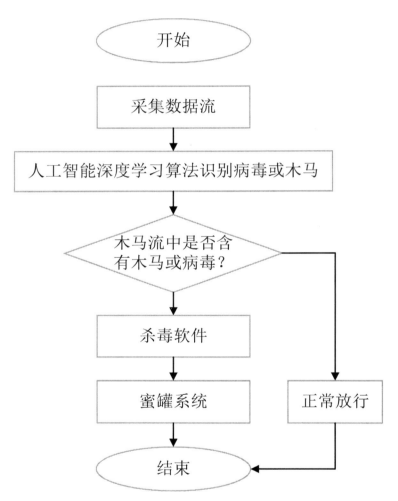

图 3-7 基于人工智能的通信安全防御系统业务流程

在此基础上提出了一种基于深度学习的人工智能算法，它由输入层、卷积层 C1、池化层 S1、卷积层 C2、池化层 S2 以及全连接层组成，见图 3-8。

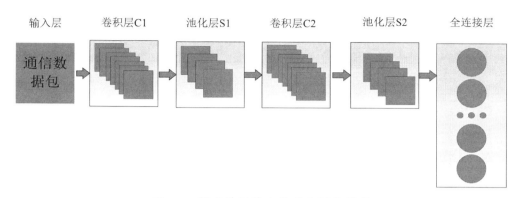

图 3-8 深度学习算法学习和训练模型

本书详细介绍了深度学习在通信安全防护流程中各个层次的功能和作用。

（1）输入层。输入层的主要功能在于预处理封包，消除噪声和安全数据，不存在任何隐藏的病毒和木马，并且可以通过矩阵运算来显示数据包的分类，从而方便了卷积神经网络的处理。

（2）卷积层。卷积层一般由两种主要的运算组成，它们能在卷积网络中完成局部相关运算和窗口滑动运算。通过对卷积神经网络的特征进行局部处理，通过滑动窗口进行卷积神经网络的特征提取，从而提高卷积神经网络的识别精度。

（3）池化层。通过池化层可以降低网络中的参数数目，通过神经网络可以获得数据包的病毒遗传特征，通过池化处理可以获得最大或最小的局部卷积特征。

（4）全连接层。全连接层是一种将神经网络的学习与训练成果输出到整个连通层的分类器，直接为网络的安全性提供了保障。比如，当一个数据中含有病毒或者是木马时，它可以通知管理员，然后通过杀毒软件来清理。

通信安全防护是一项复杂而持续的工作，在过去的几年中出现了许多安全防护技术，其中包括防火墙、入侵检测和防范系统（IDS/IPS）、过滤包等，但这是一个长期的工作，正所谓"魔

高一尺，道高一丈"，为了保证通信系统的安全性，避免用户信息的损失，建议采用深度学习的方式构建人工智能的安全保护机制。该方法能够准确地识别出网络中存在的安全威胁，并能够及时地进行更新，从而获得最新的网络病毒和木马。这个方式也可以由硬件或者固件来完成。在提高计算效率的同时也确保了数据的安全传输，又能有效地防止因增加安全防护系统而导致的延迟。以下介绍另外一个技术——基于人工智能的网络异常流量检测技术。

一、基于人工智能的网络异常流量检测技术

网络流量是指当前正在运行的网络产生的大量流量数据，它是网络异常流量检测的载体，是以时间为节点动态变化的数据。

异常是指不符合正常的预期或者行为。网络异常流量则是指非预期的或者偏离正常预期的流量数据。图 3-9 展示了某一天某个业务受分布式拒绝服务攻击（DDOS）的流量趋势，图中横坐标表示时间，纵坐标表示每秒查询率（qps，每秒查询次数或请求次数），即对一个特定的查询服务器在规定时间内所处理流量多少的衡量标准。观察流量统计发现，在 10:20 前后、10:50 前后和 11:10 前后的时间段内，图中的突起部分表示发生了断断续续的攻击，qps 最高为 700 以上，而正常业务的平均 qps 在 20 左右，访问量最多激增 28 倍，此时的现象是服务器压力巨大，部分页面打开缓慢，甚至打开失败。

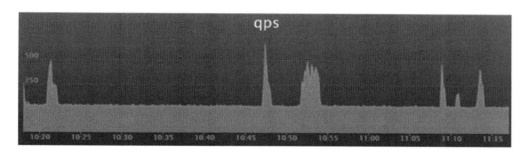

图 3-9 DDOS 攻击流量趋势图

网络流量异常分类：

（1）网络操作不当。其指在网络流量的运行中，因网络操作而产生的故障或使网络流量出现异常现象。如人为改变网络拓扑或者是人为网关配置错误等因素，都会造成当前运行的网络流量变化导致异常发生；如网络设备本身存在端口故障或者板卡故障等导致的网络流量异常。通常网络操作不当造成的网络流量异常情况只会在短期内观察到网络流量的急剧变化，一旦人为纠错后网络流量将重新恢复为平稳状态。

（2）突发的流量。其指在网络流量的运行中，当某网络信息的吸引力较大时网络的访问量突增的情况，如淘宝的"双 11"大型促销活动。对于很多网络站点来说网络容量、带宽和处理能力都是有限的，当服务器长时间处于繁忙或者网络拥塞状态时，网站的性能就会大幅下降甚至不可用。网络突发流量的特征存在于某一特定时限内，大量新增用户不断地进入该网络系统，从而导致该时限内用户陡增。

（3）内网络流量的突增。这个时限过了之后，网络流量又逐步恢复为平稳状态。因此为了应对网络突发流量导致的不良后果，商家往往会通过提升服务器的性能、增加带宽的处理能力、扩容等方式应对流量突增情况。

（4）网络攻击。网络信息作为一种开放性资源，它的普适性、共享性、可处理性、多效用性等具有重大意义。网络信息安全具有保密性、完整性和可用性三大特征，其本质是为了防止各种威胁、干扰和破坏，保护信息系统和信息资源。网络攻击主要是根据以上提到的三个特点来进行的。常见的攻击方式有浏览器攻击、恶意软件、DDOS、暴力破解、蠕虫传播等。本书网络流量的异常检测主要是针对网络攻击。

互联网规模的快速扩张给人们带来了巨大的方便，但也带来了一系列的问题。近年来，网络攻击频繁，对国家的经济造成了严重的影响，网络安全问题日益受到关注。流量监控是网管工作的重头戏，它为网络的运营和维护提供了非常关键的信息，反映了网络的资源分配、容量分配、网络服务质量、监控和隔离，为用户提供了安全、可靠的服务。

对于非正常业务的检测，一般有两种方法：以特征为基础和以异常为基础。当前，在所有的网络中，最常用的就是特征识别技术。该算法是利用已有的规则和模型进行识别，但是在处理未知攻击时，由于难以识别出未知攻击与普通攻击之间的关系，因此经常要进行规则库的更新。新的攻击所产生的大量的流量使得网络的安全性受到了很大的威胁，所以基于特征的识别技术已不再适合于目前的网络环境下对攻击的实时监测。在非正常情况下无须建立规则库，但传统的入侵检测方法不能有效检测零日攻击[①]。因此，当前的网络安全问题仍然十分突出。

上述问题已成为业界和学术界普遍关注的问题，各国政府纷纷出台相关政策加强网络安全。

入侵检测是在 20 世纪 80 年代提出的，它是一种基于审计信

---

① 攻击者利用软件或系统中未知的安全漏洞或缺陷，其在攻击之前未被发现或修补，从而可以绕过已知的安全防护措施，对计算机系统、网络或应用程序进行攻击的一种方式。

息来追踪用户的可疑行为的入侵检测技术。在接下来的 20 多年里，各种各样的入侵检测模型被提出。最近两年，我国把网络安全写入了政府工作报告，并将其纳入了国家战略。2016 年末，360 公司发布的《中国互联网安全与企业安全报告》指出，全球范围内的各种技术都在快速发展，其中未来安全研究的新方向是以开放数据挖掘为代表的新威胁。在人工智能技术飞速发展的 21 世纪，海量数据分析技术在入侵检测领域的应用提供了入侵检测领域发展的新理念。

当前的网络异常流量检测存在以下几个问题：

（1）在高速网络环境下提高效能的问题。高速网络环境下，网络的吞吐能力很强，因此要从海量的网络流量中发现特定类型的入侵，并能有效地提高检测速度和准确率，减少误警率和漏警率，减少入侵所带来的损失。

（2）缺乏主动防护的 IDS（入侵检测系统）。大多数的入侵检测系统都是以漏洞为主要手段，以漏洞为基础，很难发现不在漏洞库中的攻击，许多漏洞通常都是在攻击之后才会被加入到数据库中，所以不可能对未知的攻击进行防范，只能通过漏洞库的升级来进行处理。

（3）IDS 架构问题。集中式入侵检测方法不能满足分布式攻击的探测要求，必须使用分散在多个中心代理层的本地代理构成分布式的 IDS。

鉴于上述问题，结合人工智能、大数据等技术的优点，有学者对网络异常流量检测技术进行了深入的探讨。通过对网络中所生成的流量进行分析，对存在的可疑用户和攻击行为进行实时分析，以保证网络的安全性，并为用户提供安全、可靠的服务。[1]

---

① 颜博 . 人工智能技术的发展及其在通信安全领域的应用 [J]. 邮电设计技术 ,2019(4):86—89.

二、人工智能在通信网络故障溯源中的应用研究

随着人们生活水平的迅速提高，通信网络在当代社会中起着举足轻重的作用，通信网络一旦发生故障，将影响到通信系统的正常工作，所以必须采取有效的应对策略，及时处理问题，保证在通信网络的运营与维护中能采取有效的预防措施，并利用人工智能技术对通信网络的故障进行及时的追踪，找出故障的根源。

（一）通信网络故障种类

1. 瞬时告警

这种告警的周期比特定的阈值要短得多，在通信系统出现故障的时候，瞬时告警并不能给系统的操作和维修人员带来任何的好处，相反，它会增加告警的数量，从而掩盖那些真正需要告警的告警，降低系统的工作效率。

2. 频发告警

当一个通信网络系统在某一特定时期内出现的系统失效和告警次数超过某一条件时，就会被视为与故障有某种相关性。因此，通过建立告警和发生频率的分析规则，在指定的时间内，如果告警次数超过某个临界点，就会被认为是与故障有联系的。

3. 同网元故障分析

在通信网络中，某个网元内部发生了实体目标的故障告警，这种告警会引起其他实体和逻辑物体的失效。在通信网络中，第4代移动通信技术（4G LTE）设备的基站、单板和单板、单板与单元之间都有联系，在这种情况下，单板失效将会引起单元的失效和异常。

4. 层级业务故障

在通信网络的工作中，由于业务层的故障告警，会直接引起用户层的故障告警，例如光纤断点的失效，光纤端口就会引起信号丢失（LOS）的告警[①]，使得运输管理系统（TMS）、隧道和业务都会向上面的 TMS、隧道和业务报告故障告警，在此情形下，LOS 故障告警即为根告警。

5. 跨专业网告警

在传送时，多个微波节点被悬挂在链路上，如果网络连接被切断，或者在微波中的某个节点被切断，将会影响到基站，从而造成基站的连接失效，导致 BTS 站点的下线退出。

6. 综合故障诊断

故障的表现形式多种多样，可以是告警、KPI，或者是单纯的业务障碍。在大多数情况下，告警并不能完全反映出故障的全部原因，因此，仅仅依靠告警分析是不能找到故障的。比如，在网络升级后，某个 LTE 服务无法正常工作时，可以按照自己的经验，通过对监控数据的观察进行各种诊断和配置，找到问题所在，告警只是其中一项。

（二）网络故障溯源

在利用人工智能技术实现通信网络的故障追溯时，需要智能地识别和有效地分析网络的故障，运用人工智能技术进行故障诊断和追溯，依据网络间的关系和业务关系，通过对通信网络中的监测数据和操作记录进行分析，找出原因，并提出相应的处理对策。

在通信网络故障跟踪方面，运用人工智能技术进行故障跟踪，通过分析故障的操作日志和相关数据，对故障进行正确的诊断，并对其进行定时监测和报警，通过智能技术实现自动学习，实现

---

① 光纤通信中的"光路不通"的告警。

对故障的及时诊断。在运用故障诊断规则方面，要充分地与故障的真实特性相结合，进行故障诊断，不断地确认故障维修需求，并通过逆向修改规则库，采取自动回收或派单修复等方式进行修复，以提高通信网络的故障追溯能力。

以下以一家国企 IPRAN（Internet 协议无线接入网）的智能报警系统为实例，介绍 IPRAN 系统的应用。IPRAN 的网络协议比较复杂，其管理系统每天接到的报警信息非常之多，这些报警信息大部分来自源头报警。目前主流的筛选算法都是在筛选非关键信息的基础上借鉴专家的经验得出的，但也有一定的局限性。报警是由失效所致，针对此问题，可循下列步骤进行：①数据预处理，包含数据输入与数据清理等多个方面，与使用者端的报警相匹配，识别频繁报警，并将输入数据、拓扑数据和服务数据相结合，保留频繁报警，筛选报警其他标志；②关键规则挖掘阶段，此阶段修改其关联规则，核心算法为 Pre-Xspan，可有效提高 Pre-Xspan 算法，充分提高算法规则挖掘工作的精准度；③验证相关规则并将其归档，验证现有的警报规则，支持后续的错误警报识别，并将正确的规则存储到相应的规则库中；④知根知底，辨识根源，识别特定的故障报警，具体识别包括根源报警、衍生报警和一般报警，通过对各种限制条件的识别与处理，可以更直观地展示故障报警的拓扑结构和业务关联，并根据分析的结果生成故障分析拓扑，以对应的颜色加以区分。[①]

（三）通信网络故障溯源整体解决方案研究

关联规则演算法是从一组资料中找出项与项之间的隐含关系。通过对报警数据的不同分析可以发现报警信号与报警信号的关联

---

① 孙景 . 关于人工智能在通信网络故障溯源的应用研究 [J]. 中国新通信 ,2019,21(12):115.

关系，例如报警的模式和规则。

以 AI 为基础的故障诊断和追溯是指结合 AI 技术对大数据关联规则的分析，并依据网络、业务上下游的关系，对各种监测数据（包括报警、性能）、运行日志、故障解决历史记录等进行综合，并输出故障特性和故障原因的相关规则。该项目的主要目的是实现智能诊断系统的设计。在实际的网络中，依靠对故障的特点分析和对诊断规则的自动匹配，得到故障的位置和相应的处理方案。

1. 基于 AI 学习生成诊断规则库

（1）诊断信息获取

诊断是否有效取决于诊断信息的数量，因此，该系统应该能够实现对整个周期（当前和历史）的实时数据的自动采集。也就是说，在现有网络中，每天记录的都是操作日志、报警、KPI、故障处理建议等，以及记录目前状况的资料，而网络拓扑、业务组态、商业状态等则是要定期采集，以供学习。

（2）建立自学习能力

通过对 PWE3-CES 包的故障特征进行分析，并对其周围的 KPI、操作日志、数据包、业务配置、业务状况等进行分析，获得故障特征。在这里可以利用数据进行降维，分类算法是根据运行日志、故障在故障发生和消失期间的文字记载，其他报警的发生和消失以及分析原因等相关信息。关联算法，这里可以用到深度学习算法。分析大量案例，可以得出各种可能的理由，并对其发生的概率进行计算。这里可以采用概率论的有关计算方法。

2. 诊断规则的运行

（1）实时网络监测：对报警进行实时监测，对流量、数据包包丢失情况进行定时取样，并对运行日志进行记录。

（2）通过与故障特性的匹配，实现故障诊断实时匹配已存在的网络监控数据，一旦匹配成功，立刻进行诊断。根据故障发生的可能性大小顺序排列，逐条诊断，当确定某一原因存在时，就能对故障进行定位，并给出应对意见。

（3）故障修复确认，逆向修改诊断规则库：对派单中的原因进行反馈，对故障后的自动恢复或派送修理后的故障进行纠正，对故障的诊断规则进行纠正。

与常规的故障追踪算法相比，此方法包含了大量的报警、性能、拓扑资源、日志以及运行中的检测指令，使得这种方法的追溯效果更为精确，可参考性也更强。①

总之，利用人工智能技术可以在现代通信网的故障追溯中对通信网的故障进行实时监测、预警、故障定位等。

---

① 黄兵明,郭慧峰,赵良,等.人工智能在通信网络故障溯源的应用研究 [J].邮电设计技术,2018(12):35-40.

第四章

人工智能给通信行业带来的风险

智能技术的不确定性和高普及率决定了它的建设和运用一定会带来一些风险。这些风险对于任何一家通信企业、科技企业来说都不是一件可以轻易规避的事情。下面对以 AI 为主的智能技术潜在的风险进行全面了解，并对技术与风险的内在联系进行深入分析。

第一节　战略风险

一、内外部危机

科技创新在带来社会进步的同时也不可避免地会遇到新的麻烦和风险。当今世界正在经历着四次工业革命，在遭受失业、信息泄露等危险的同时，人们也享受着快速、便捷和智能的生活。但是如果 AI 的回报远远大于其风险，则必须精确地掌握其类型和规则，采用适当的方法进行风险控制。随着人工智能的发展，AI 技术将会越来越成熟，行业结构会越来越优化，风险的类型和性质也会发生变化。弱 AI 带来的风险后果和强 AI 也会有很大的区别。[①] 人工智能常见风险如图 4-1 所示。

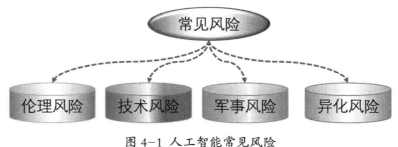

图 4-1　人工智能常见风险

---

① 　王振宇 . 大数据给 5G 通信行业带来的机会和挑战 [J]. 通讯世界 ,2019,26(9):155-156.

1. 伦理风险

在学术界和业内，在人工智能道德是否应该赋予机器人权利的问题上存在着许多争议。人工智能的道德问题一直都众说纷纭，但却没有一个明确的结论，人们对人工智能产业在道德伦理上的担忧已经持续了很多年。在人工智能应用时不可避免地会出现一些违反人性的行为。人工智能能否守住人类的伦理道德底线？在人工智能接近人类智能的情况下，如何让它正确地进行道德取向，这是当前一个具有开放性的研究主题，也是一个值得思考的问题。

2. 技术风险

在过去的数十年里，人工智能的发展已深入到各行各业，其广泛应用于机器人、人别系统、智能分析、智能设计等方面，包括计算机科学、心理学、神经科学等。然而，由于过去的技术失误所造成的"伤人"现象，自20世纪70年代以来，这些失误就一直出现在报纸上。在人工智能的实际应用中，技术风险是最为紧迫的。人工智能的技术风险不仅会危及人们的日常生活，还会带来一系列的问题，如信息的泄露。

3. 军事风险

一个国家的尖端技术往往会在军事上得到广泛应用。从20世纪60年代起，人工智能的研究就在世界范围内展开，而在军事领域，人工智能的研究也越来越多。未来的军备竞赛是军备技术与人工智能以及研究层面的较量。必须指出的是战争风险依然存在，因为有了大量的机械战士，战争的损失就会变成一种纯粹的资源浪费。

4. 异化风险

许多国内外学者、专家都坚信人工智能将会超越人类，而人类将会创造出一个超越自身的种族，到时候，许多科幻电影里的剧情都会变成现实，也有可能出现人工智能的反叛。许多人工智能专家仍然会反对，因为他们相信他们的技术，而非盲目地预言。但是历史表明，科学家们所取得的成就常常不会由一个团体来决定，就如同原子弹和克隆技术。因此，要对这些风险进行合理的控制，并通过相关的制度和法律法规对其进行规范，以防止出现严重的事故，这才是当前最迫切的事情。[①]

二、数据垄断

在人工智能时代，数据、算法和算力是"三驾马车"，它们将加速人工智能的发展。其中，数据是起决定胜负最大力量的第一驾马车。从人工智能第三次崛起的历史背景来看，"多源异构"数据的广泛积累，源源不断地将能源和动力输送到智能技术中，大数据技术的迅猛发展为其提供了数据条件，于是人工智能这个以数据为"饲料"的东西就能迅速成长起来，数据的价值就越来越突出了。在此背景下，数据的多寡就成了各领域竞争的优先策略，围绕数据展开的众多市场争夺战也随之拉开帷幕，而数据垄断也越来越成为一个重要的课题，这些都是需要研究的。

1. 数据争夺战：人工智能时代数据垄断问题的萌生

自从人工智能在 2016 年重新兴起后，人工智能的发展就受到了广泛的重视，政府、企业、个人都在努力地将人工智能和人类的生活联系在一起。但同时，各种无形的竞争也随之产生，特别是围绕着这些数据的拉锯战可谓是如火如荼。

在人工智能时代，信息资源是智慧应用和服务的重要战略资源。因此，关于数据资源的争夺也就成了各个行业关注的焦点。在一定意义上，在这场数据大战的背后，数据是不可取代的，也

---

① 郝钧. 大数据给 5G 通信行业带来的挑战 [J]. 电脑迷,2018(6):100.

是一种资源和资产的价值。

人工智能的发展最关键的就是数据，没有数据的人工智能会导致其在未来的发展和应用中缺少创新能力。随着人工智能技术的飞速发展，"多源异构"海量数据的持续供给及数据的共享和开放都是来自特定的服务和应用。

人工智能时代之前所搜集到的资料，因"非及时性"和残缺不全，必须从智能应用中适时地搜集最新的资料并反馈信息，以便为新一轮的智能应用和革新提供所需的实时资料。因此，关于这些数据的竞争在各个行业中都是非常激烈的。[①]

某两家快递公司在 2017 年 6 月展开了一场数据大战。在这场数据大战中双方各有各的观点，但却没有明确指出双方的商业竞争是以数据为基础。归根结底，这两个公司之间的斗争还是与数据有关。因此，在这个人工智能时代，数据对于任何一个公司来说都是至关重要的，而这些资料的获取关系到它们的未来。

总体上讲，目前许多公司的竞争都是以数据为中心，客观地体现了数据在人工智能时代中的重要作用。这也是为什么会有越来越多的数据收集。现有的一些研究结果显示，数据聚合技术突破了传统企业之间的竞争格局，呈现出企业垄断的特征。因此，我们需要重新认识数据垄断，了解其概念、特征、危害、原因以及与之相关的反垄断治理。

2. 数据垄断：人工智能时代垄断的新形态

垄断是一个经济术语，最初指的是市场参与者的操控，随后发展到独占、支配、控制市场等。在一般情况下，垄断局面的形成与权力、利益有着密切的关系，而以市场为基础的市场主体往

---

① 徐瑞萍,戚潇.人工智能时代的数据垄断与反垄断治理 [J].佛山科学技术学院学报（社会科学版),2020,38(4):22-27.

往可以在不垄断的条件下获得巨大的利润。因此，在自由市场的发展中很容易就会出现垄断。

从历史上来看，垄断在各个历史时期分别表现出了自然垄断、资源垄断等多种形态。在西方，最大的垄断时期是工业革命时期，在这一时期，石油、煤矿、天然气、电力、通信网络等都被不同的公司或家族企业垄断。美国洛克菲勒家族、罗斯柴尔德家族、摩根家族等都是家族企业的代表。很多中小型企业在垄断形成过程中会被合并。

数据垄断指的是对数据的绝对控制和绝对所有权，数据的采集、存储、使用等各个环节是对数据的占有，而数据的使用则是对数据的支配。数据垄断是一种新的垄断形式，可以从数据占有、数据控制、数据流通、数据保护、数据收益等多个层面上进行垄断。如图4-2所示。

图 4-2 数据垄断的各个层面

通常情况下，只有很少的企业才能拥有和控制海量的数据。这些公司被称为"数据寡头"，它们的市场竞争能力更强。超级智能平台使公司可能成为数据霸主。从目前的数据垄断形态来看，数据垄断具有隐蔽性、覆盖性和专用性。

（1）隐蔽性。与其他时代相比，人工智能时代的垄断更加隐蔽，不经意间就出现了大量的垄断。在 AI 时代，所谓的数据垄断，实际上就是基于平台的垄断。平台是人工智能时代的一种数据垄断，它与资金驱动的传统垄断有着明显的不同，这种垄断往往是人们为了换取服务而自愿放弃自己的数据所有权和使用权而做出的合情合理的选择，而且在竞争中并没有流血和牺牲。换句话说，在人工智能时代，数据的垄断就是各大智能服务平台的垄断，当这些智能服务平台垄断后，就会将大量的用户转移到某个服务平台上，从而形成垄断。

（2）覆盖性。所谓包罗万象，就是指市场中的所有数据资源都是由不同的个体共享的，而最有可能形成垄断的就是那些没有清晰的数据，比如用服务来换取所有权的数据，又比如分散在不同的虚拟空间中的数据。

由于数据自身不具备对抗能力，表现出非对抗性质，从而间接地形成了数据垄断的覆盖特性。也就是说，同一数据很有可能被多个主体所共享。在这种情况下，由于数据收集者的实力不同，导致了一个现象，即个体拥有不同的数据来源，这些个体拥有大量的信息，而这些信息的拥有者又拥有着其他无法获取的信息，这就是人工智能时代的信息垄断。[1]

（3）专用性。所谓数据垄断，就是指数据垄断者收集到的数

---

[1]　徐瑞萍，戚潇．人工智能时代的数据垄断与反垄断治理 [J].佛山科学技术学院学报（社会科学版），2020,38(4):22−27.

据具有一定的覆盖性，而掌握的信息越多，就越能形成更好的服务，从而形成垄断。比如，一款服装的主要销售商，一开始卖的价格都是一样的，但随着销量的增长，他们就会失去对销量较差的销售渠道的信心，这就造成了一个行业的垄断。

3."三宗罪"：数据垄断的现实危害

与之前的时代不同，在人工智能时代，人类的历史空间已经从物理空间的限制变成了物理空间和虚拟空间双空间的并存。换句话说，在人工智能时代，谁可以掌握更多的资料，谁就可以更好地和其他国家进行交流。于是，全世界的许多人对数学产生了浓厚的兴趣，甚至有人对数据产生了狂热的爱，这就促使了他们对数据进行收集和整理，最终形成了一种垄断。

人工智能时代的数据垄断本质上是服务于利益与权力的垄断。数据垄断会带来一些现实危害。首先，数据垄断给用户带来了风险。一是由于服务对象要付出较高的代价来获得相应的服务，会造成生活费用的增加，进而影响到整体的消费网络的边际成本，从而影响到居民的生活品质和生活水平。二是部分商家可能会利用市场优势来侵害用户的隐私权，如果数据不对称，就会造成数据垄断公司的垄断，而其他的服务公司也不能参与进来，它们之间的互相监督和约束就会消失，这就会让垄断公司膨胀，没有竞争对手监督，它们就会肆无忌惮地利用自己掌握的客户的隐私来获取利益。三是服务对象获得的服务质量会下降，而缺少竞争的市场环境往往使得服务提供者把利益作为中心，而把服务对象置于边缘。

其次，数据垄断会使服务供应商面临风险。在人工智能时代，数据垄断因其独有的特点，并未在明面上形成垄断，而在隐蔽性的掩护下，逐渐演化为具有覆盖特征的垄断，使得大量的市场参与者不得不退出了竞争的舞台。通常情况下，以数据优势为基础的企业往往拥有强大的市场力量，从而能对企业间的竞争进行限制。而这对非数据垄断者来说则是灾难性的打击，意味着它们面临着两个结局：一是宣告破产，二是被兼并。对于数据垄断者来说，垄断数据对它们没有任何好处，如果它们的本性被揭穿，那么就会置自己于不义，面临的将是各种各样的反垄断法，还有市场监管部门的严惩，最终会消耗掉大部分的资源，让它们无法投入到研究和创新当中，让整个公司的经营陷入一个死循环。

而且消费者的想法也会变成"我们是国内，甚至是世界上最好的供应商，暂时还不能解决您的问题"。这也是它们最好的"借口"。未来谁能掌控产业大数据，谁就能独霸这个产业，这也是它跨界抢劫的根本。在智能时代，数据垄断的危险就像跨界打劫一样一针见血。因为数据的垄断就是从某个特定的行业中诞生的，一旦这种垄断数据逐步演变为数据垄断，数据垄断者就能获取"多源异构"的信息，而用户的各类服务需求就会被某个服务供应商一网打尽。

再次，垄断会对市场造成损害。在人工智能时代，平台是一种隐含的垄断，当一个服务平台拥有了一定的规模之后，它就会产生大量的创新，为用户提供更多的创新机会。当然，这些用户也会依赖于这个平台，从而产生一种天然的垄断。尤其自然垄断是由大平台轻松完成的，传统的竞争规则很难对其进行有效调控。简单来说，在智能时代，垄断相对简单，而对这些新垄断进行反垄断法制裁却要困难得多。但其危害却与传统的垄断一样，它对市场竞争秩序的破坏、对创新的阻碍、对资源配置的扭曲，以及造成严重的不公平，都严重地损害了社会和消费者的利益。

同时，也应看到，在智能化时代，由于政企的联合，企业的数据垄断行为往往会强化相关公司的数据垄断，进而增加反垄断的难度，形成一个顽固的垄断集团。从市场秩序的角度来看，平等交换与公平竞争是市场秩序的基础，那么，智能时代的数据垄断就会出现"智能服务主体的逐渐退出""垄断价格的不断形成"两种现象。由此看出可以清楚地看由于数据垄断的问题，这两种基础的因素都失去了，"市场失灵"的风险也越来越大。[①]

三、中小企业面临的困境

1.中小企业人工智能技术体系基础架构不完善

人工智能是一项具有创新性的大型工程。应用人工智能必须从基层开始构建人工智能的基本结构，从源头开始。如果地基不牢固，它肯定是不稳定的。原创不突破，进展肯定不会快。在我国，人工智能技术的应用还处在起步阶段，需要加强基础理论研究、基础算法创新、关键部件研发以及高层次人才的培育。

只有运用智能技术、工具和方法才能解决智能应用问题。新一代基础架构的主要任务是协助执行智能应用；同时，系统的底层结构应该具有智能化的思想、组件和技术。业界专家认为，当前的基础设施发展已进入3.0，也就是向智能化迈进。前一代的基础设施2.0集中在"怎样把世界联系起来"，3.0则集中在"怎样了解这个世界"。随着机器学习和人工智能等技术的不断普及，我们必须对基础架构、工具和开发方法进行反思。

基础设施就像超级跑车的引擎，而且这款引擎肯定是专门为智能程序设计的。比如，当前应用最广的深度学习，给底层系统的效率和运算性能带来了新的挑战。基于中央处理器（CPU）的单个通用服务器在计算能力方面不能很好地满足人工智能的应用

---

① 苗存龙,王瑞林.人工智能应用的伦理风险研究综述[J].重庆理工大学学报(社会科学),2022,36(4):198−206.

要求。

因此，各种加速计算技术不断涌现，图形处理器（GPU）、现场可编程门阵列（FPGA）等技术也随之出现。但服务器只增加了对 GPU 或 FPGA 的支持，不能称之为人工智能服务器。除了这些之外，还需要对智能应用软件进行重新设计。我们都知道经过六十多年的曲折发展，由于天时、地利、人和等因素，人工智能才有了今天的最佳推广时机。为了适应智能应用的需要，必须在底层架构上从云计算、大数据、存储、智能计算四个方面进行一次全面的突破。

目前，在中小型企业中，人工智能技术的应用有个性化精准服务（比如个性化推荐）、替代简单或重复劳动（自动化生产）、提升效率和准确率（防止财务欺诈系统）、提升用户体验（通过声音输入来发布控制命令）以及自主创作（广告海报）。示意图如图 4-3 所示。

个性化精准服务　替代简单或重复劳动　提升效率和准确率　　提升用户体验　　　自主创作

图 4-3 目前人工智能技术在中小企业的应用类型

因为现在有这么多的深度学习框架和工具，而且大部分都是开放源码版本，需要的应用也各不相同，所以要建立一个统一的、有效的深度学习管理平台，才能保证深度学习系统的安装、配置、管理和管理。[①]

---

① 梅剑华. 理解与理论：人工智能基础问题的悲观与乐观 [J]. 自然辩证法通讯 ,2018,40(4):1-8.

中小企业人工智能平台应用的入口不仅需要一个服务器或多个服务器集群发挥出来的价值，还需要软硬件系统发挥出来的综合性能。然而想要获得突出的高性能，一个成功的中小企业人工智能平台体系架构必须在具体的高性能计算和应用中具有非常特殊和实用的设计。要实现中小企业人工智能平台，其基础架构的构建不是一步就可以到位的。当前我国中小企业的人工智能技术框架尚不健全，有待于企业的不断更新与强化。

2. 人工智能的技术研发与应用不理想

（1）中小企业技术水平一般不高，技术创新能力不强。我国中小企业大多位于城镇，科技水平受到限制，转型升级较困难，普遍存在人工智能技术方面的需求。

（2）中小企业对人工智能的需求零碎化。社会调查走访发现，中小企业对于人工智能技术有很大的需求，但是这个需求是零碎的，虽然各家中小企业生产要素相同，但是从研发到生产，最后到售后，各个中小企业侧重点不同，需求也不同。比如制造业的中小企业可能只需要制造相关的人工智能，而财务会计行业可能需要的是计算分析类的人工智能技术，需求是各种各样的，这无疑增大了统一推广人工智能技术的难度。中小企业自主研发自身需求的人工智能技术更是受到资金、人才等的限制。

3. 中小企业应用人工智能技术存在安全隐患

在大数据时代，数据几乎包含了一切存在的物质。数据已经成为我们生活的部分，它属于一种无形资产。当今时代，人工智能技术在飞速发展，企业可以使用人工智能技术、应用企业数据预测对象的各类行为和状态，充分挖掘出数据之间的潜在关系及价值。老子说："有无相生，难易相成。"矛盾是对立统一的，人工智能数字化的产生带来了便利，但与此同时，企业中的数据也将面临各种安全问题。

企业在生产运营中必然会在各个阶段产生数据，如人力资源管理数据会包含企业甚至应聘者的很多个人信息，其中不乏个人隐私；企业的生产数据则包含了企业的生产状况及生产能力。企业数据管理是一个大问题，企业信息泄露造成巨大损失的事件频有发生，有心人士可以通过人工智能技术来分析这些企业表面的数据获得深层的企业商业机密。因此，企业在充分利用数据带来的方便的同时，也面临着数据泄露等问题。[①]

第二节　技术风险

一、基础薄弱

众所周知，国内人工智能始于 1978 年，经过多年发展，在许多方面都取得了重大的成就，其中有些关键技术已取得突破，并在国际上产生了一定的影响。但国内人工智能发展还存在一些薄弱环节。

1. 人工智能基础理论和原创算法差距较大

国内的人工智能领域起步比较晚，在原创方面的贡献并不多，近年来国内的高质量论文数量虽有了明显的增多，但顶尖的学术成果以及重要的理论创新仍然集中在美国、英国和加拿大。

2. 高端芯片、关键部件、高精度传感器等方面基础薄弱

众所周知，英伟达、高通、英特尔这些世界顶级公司依然在世界范围内占据着高端芯片市场的霸主地位，特别是在 2020 年各个大公司的合并，让它们的优势更加明显。我国在关键设备、高

---

① 姚烁 . 浅谈大数据与 5G 通信 [J]. 中国新通信 ,2019,21(13):26.

端芯片、关键产品和系统、基础材料、元器件、软件和接口等领域基础薄弱，欧美等国家仍然处于绝对的垄断地位。具体示意图如4-4所示。

图 4-4 基础薄弱原因

3. 未能形成具有国际影响力的人工智能创新生态

跨国企业通过搭建智能开放平台打通了硬件、系统、工业的链条，引领着整个创新生态的发展。虽然国家层面的国家级人工智能开放创新平台已经初见成效，但在通用的机器学习算法平台上的应用还不够完善，在全球范围内的应用还需要不断提升。

二、通信流量爆发问题

随着人工智能技术的普及，人们在任何时候都可以通过网络进行交流。现在通信行业的一个共同特点就是要时刻保持在线，所以必须不断地提升服务质量，为客户提供更好的服务，满足不同的顾客需要。随着时间的流逝，宽带的品质将不断提高，人们的通信量会越来越大，宽带的延时问题也会变得更加严重，这是电信行业发展存在的一个重要问题。

我国迈入5G时代，交通消费已成了主要的趋势。从通信技术的发展来看，移动通信每隔十年就会发生一次技术革命。目前随着移动游戏、短视频、手机支付等流行的娱乐和生活服务的普及，移动互联网的发展速度很快，移动数据的消费是这一阶段的主流。

大量的数据流涌入导致了服务器的需求增长。随着5G网络渗透率的提高，手机用户数量也在逐步增加；与此同时，网络的高速发展也催生了许多流行的手机应用，使得用户的流量需求越来越大。数据中心的建设和服务器的数量要足够多，不然就会出现过载、停机等问题，严重影响系统的处理效率，也影响用户的使用体验。随着科技的进步，高质量的数字内容不断涌现以满足人们日益增长的需求。根据相关机构预测，2025 年的全球人均通信流量是 2015 年的 10 倍[①]，这无疑将进一步增加网络带宽的负担，对网络带宽的延迟性提出了新的要求和挑战。数据流量爆发引发的结果见图 4-5。

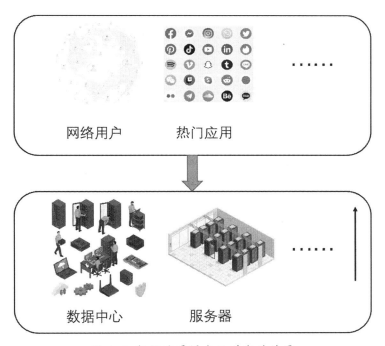

图 4-5 数据流量爆发后引发的结果

① 李博方. 人工智能产业发展的风险分析及对策研究 [J]. 智能计算机与应用,2017,7(3):106–108+113.

三、"伪"人工智能

2017 年被称为 AI 时代，AI 是 2018 年人工智能领域的热门话题。从百度到智能音箱，再到各个平台，从高德地图到无人配送，从科大讯飞的声音输入到持续推出的智能机器人，这一切预示着我们即将进入人工智能时代。事实上，很多专家都认为，我们距离人工智能还有很长的一段路要走。目前的 AI 顶多算是人工智能。

1.人工智能背后的数据农民工

按照理论，再加上各大公司的宣传资料，人工智能都是通过电脑程序和算法来解决所有的问题。但是在现实生活中，这些算法并不能很好地解决这些问题。有媒体报道称，在无人驾驶中，如果只依靠计算，100% 会出现车祸，而在现实中，算法只能处理 40% 的交通问题。要实现一种智能驾驶，开发团队必须要用穷尽的方法把所有的问题都列出来。而在这些问题中，最关键的问题就是如何识别斑马线，需要有大量的斑马线来进行学习，当斑马线的数量达到一定程度后，它就能分辨出斑马线的位置。在这个领域里有一个专业的术语，那就是"数据标注"。遇到问题时，自动驾驶必须要有数据标识；智能音箱解决器要对用户的常用状态进行数据标注；高德地图解决了需要数据标注的语音识别和路径选择。

从某种意义上来说，AI 的算法优化就是看数据的质量，而控制这一切的都是一群对 AI 一无所知的人。这些人不需要什么技术，只要会使用电脑就可以了。他们进入行业非常容易，所以有些公司会专门雇佣残疾人来从事这项工作。因为他们根本不需要编程，只需要不断地解答问题就能找到合适的答案，所以被称为"数据农民工"。

2. 各大 AI 公司的人工团队

对于 AI 行业中的独角兽企业而言，做数据分析并不是什么新鲜事，它们甚至还会成立一个专门的团队，甚至还有一些企业会在数据上打上标签。

根据《金融》杂志的消息，某省有一家特殊的工业园区，里面的公司名字都很高端，大部分都是 AI 公司，但其实它们就像一个个大型的网吧，上面只有一个简单的数字。有些公司是跟 BAT[①] 签了合同才发展到数百人的规模，有时候工作量大，员工甚至会熬夜。而根据业内的说法，该产业的利润还算不错。一名熟练的打标员一个月的收入能达到 7 000 元，扣除 3 000 元的工资，加上质检、场地设备，每个月能挣 1 500 元。

但因为是最底层，所以他们的机会并不多。国家对人工智能产业的扶持力度很大，很多地方政府都出台了各种政策，希望能够将 AI 企业引入国内。[②]

第三节　运营风险

一、不准确性与不可解释性

（一）算法的不确定性

随着人工智能技术的发展，人类的第四次认知革命也随之发生，但是由于算法的不确定性，会造成算法的不确定，从而造成算法的歧视、不公正的竞争、算法的滥用。算法本身不具有价值

---

① Baidu 百度，Alibaba 阿里巴巴集团，Tencent 腾讯公司。
② 高一骄. 人工智能等新技术对未来通信行业的影响 [J]. 电信网技术 ,2017(9):47-49.

中立性，其承载的是设计者自身的价值，而算法的不确定性主要是由于算法设计者自身的主观因素和认知上的不确定以及数据的不确定性和"算法的黑箱"等。为了克服算法的不确定性，必须加强人工智能的责任，保证数据的准确性，增强算法的透明性和可解释性，将道德编码嵌入到人工智能中，以排除算法的不确定性，从而使人工智能能够接受"道德图灵"的考验。

人工智能是以大数据和算法为核心的，它通过对大量数据进行分析，挖掘数据背后的规则和构造，从而促使人工智能做出决定。人脸辨识、语音辨识、机器学习、机器翻译、深度学习、自动驾驶等都在这方面发展。人工智能技术工人们的思想在外部世界中发挥着重要作用，也对人类的认知和社会发展起到了至关重要的作用。[①]

（二）人工智能算法不确定性的表现分析

正如科尔曼和其他人工智能计算专家所说，一种运算法则是以一个数值或者一系列的数值为输出者，并且产生一个数值或者一系列的数值。所以，该算法就是一系列的运算过程，把输入转化成输出。算法是一种完全基于数学逻辑的计算机程序，它是一种具有公平性、客观性的计算机程序。在学术界，人们对算法的不确定性没有一个统一的概念，它通常是指在数据收集、选择和利用数据时，由于存在着人的潜在价值，导致其在数据的输出中表现出不公正。算法的内在属性决定了它的不确定性，人工智能的算法不确定性主要表现在以下几个方面：

1. 算法不确定性表现为算法歧视

算法的不确定会引起算法歧视，而人工智能的算法也包含

---

① 高波 . 不确定性人工智能数据的证据分析 [J]. 暨南学报（哲学社会科学版），2022,44(2):73−82.

种族歧视、阶层歧视和性别歧视。比如，2016 年，微软发明了一款聊天机器人 Tay，它可以通过捕捉和用户的交互来模拟人类的谈话。2012 年，哈佛大学发表在《社会问题杂志》(*Journal of Social Issues*) 上的一项研究显示，如果搜索传统的非裔美国人的姓名，结果中显示有逮捕记录的可能性更大；在 2016 年，一份由 ProPublica 发起的调查表明，执法人员所使用的人工智慧工具显示，黑人的犯罪率要高于白人。上面提到的人工智能算法都是带有一定程度的种族歧视。欧洲保险公司推出 UBI（基于使用量而定保费的保险），基于驾驶人的实际驾驶时间、地点、里程、具体驾驶行为等进行算法分析，推出差异性保险。因为上班时间长，开车会经过复杂的道路，所以 UBI 车险实际上会提高低收入者的车险成本，这也反映出社会地位低的弱势群体被歧视，人工智能算法表现出阶层歧视。卡耐基梅隆大学国际电脑研究所发现，谷歌开发的广告定位算法存在着性别歧视。男性在工作中能得到较高薪水的职位信息，而女性得到高薪职位的概率要比男性低得多。美国的微软和波士顿大学的研究者们还发现了诸如编程、工程之类的人工智能算法中的性别歧视。

如"程序员""工程师"等词语经常与男人相关联，而"家庭主妇""家务劳动"等词语经常与妇女相关联。算法歧视是算法的不确定因素的外部表现，而算法歧视则是算法设计人员的主观认识偏差。

2. 算法不确定性导致不公平竞争

人工智能的运算需要大量的大数据，而这些数据资源已成为企业的重要资产，也是企业获取利润的重要手段。而企业的利润由于所获得的手段不同，这就造成了企业之间的不公平。图 4-6 显示了数据资源示意图。数据是用户生成的，但不属于用户，不属于数据的使用者。不公平的数据所有权、不公平的使用权等因素会造成算法的不公平以及人工智能算法对数据的不公平、利用程序的不公平等，会造成算法结果的不公正。[①] 因此，人工智能算法的不确定性导致了不公平竞争。2018 年，网络出现了"大数据杀熟"现象，其原因在于计算方法的不确定而造成的定价不公正。比如，在预订房间的时候，苹果的用户所要付出的代价要高于安卓的用户，而旧的客户要高于新的客户，VIP 的客户要高于一般的客户。由于不同的运营商对数据的了解程度不同，对数据的分析和预测能力也会有很大的差别，这就造成了企业之间的不平等竞争。计算机可以利用算法对用户的行为、习惯、能力进行深入的分析，计算出他们的价格敏感性和依赖性，从而预测出他们的价格上限，以此来抬高旧顾客的价格，并对不同的顾客进行差别化的定价。

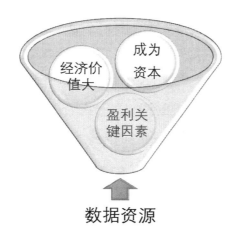

图 4-6 数据资源

3. 算法不确定性表现为算法滥用

算法滥用是指在使用算法进行分析、决策、协调、组织等一

---

① 程海东,王以梁,侯沐辰.人工智能的不确定性及其治理探究 [J].自然辩证法研究,2020,36(2):36-41.

系列行为时，由于算法使用目的、使用方式、使用范围等而产生了不确定和负面影响。比如，人脸识别技术可以准确地识别罪犯，改善社会治安，但如果将它扩展到对潜在罪犯的预测，或通过面部特征判断犯罪潜力，则是一种算法的滥用。在人工智能的发展中，数据分析和算法预测是人工智能发展的两个重要方面，但在预测中却有许多不确定性，比如犯罪的不确定性，预测性取向的不确定性。比如，英国警察想要利用人工智能技术来预测严重的暴力犯罪。COMPAS[①] 算法的预测准确率为 65%，主要是根据犯罪的年龄、犯罪情况、人际关系、生活方式、性格、态度、家庭情况等因素来进行预测。

但这些方法都有可能导致相同的容貌和犯罪概率，更别说一对孪生兄弟中一个是罪犯，一个是模范公民，这就说明了犯罪的概率存在着算法的不确定性。斯坦福大学的一位学者在 2018 年发表了一篇名为《深度神经网络在从面部图像检测性取向方面比人类更精确》的文章中称其在人工智能的预测性取向上也存在着同样的不确定因素。例如，在不确定的情况下，这些数据包含了社会、语言、文化和启发性的不确定性以及与环境有关的关联，例如，通过图像分析，可以成功地预测性取向。但是，如果人工智能的运算法则被滥用，就会导致对不同的人进行更多的标记，从而侵犯人权。算法在预测、识别、判断、决策等各个方面有着广泛的应用，但是算法的不确定性却是一种算法的滥用。比如，在全世界范围内使用了视觉算法，使得大家看到的亚洲人的眼睛是闭着的，选美比赛中的评判程序尤其喜欢白人的特点等。算法除了在犯罪预测中应用外，在占卜等领域中也得到广泛的应用。算法是人工智能技术发展的基石，但算法本身就是一个不确定因素，

---

① COMPAS：用于评估被告人员再次犯罪的概率。

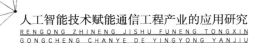

并不是一个客观的、中立的评价标准，因为它含有主观偏颇，所以不能将算法当成一个客观的评价标准，也不能盲目地将人工智能的应用推广到其他领域，而是要合理地排除人工智能的技术偏好和路径依赖。算法滥用不仅无法保证算法的客观性，而且也很难保证其精度。

（1）不可解释性

当人工智能算法侵犯了人类隐私权，引发了算法歧视、信息泡沫等困境，这些问题的暴露就给人工智能的发展敲响了警钟，一味地追求科技而不重视人权，这条路是走不远的。总而言之，这些问题的根源在于算法技术的不可解释和商业秘密保护模型的隐蔽性。举报人豁免制度是许多国家公认的一种合理的商业秘密披露制度，它会鼓励员工披露非法、不规范、不道德的人工智能算法。它有伦理基础和法律基础。我国的举报人豁免制度存在于不同的法律中，但需要解释和配套制度。中国应借鉴国外先进经验，结合实际情况，对举报人豁免制度进行具体构建。

人工智能与基因工程技术和纳米技术，是 21 世纪的三大前沿技术。它是一门由理论、方法、技术和应用系统组成的技术科学，可以模拟和扩展人工智能。第三波人工智能的兴起主要源于三个发展中的技术：算法、大数据和计算能力。人工智能的关键技术就是机器学习，利用不同的算法，从样本、数据和经验中学习模式，并对新的模型进行识别和预测。现有研究发现，为它们申请专利的难度与 AI 算法的高竞争价值具有不可调和的矛盾。因此，许多公司倾向于将人工智能算法视为商业秘密，并选择对其进行物理保护。但与此同时，AI 算法的复杂性可能成为一个"黑匣子"，AI 的设计者可以将他们的非法技巧隐藏在机器算法背后。算法的隐蔽性造成了许多问题，如"信息泡沫"、司法不公、侵犯被遗忘等。为了规范上述问题，一些学者提出了一系列算法法规来规范算法的不可解释性，如设计目标的规范、设计缺陷的规则、信任维护机制、权利的规范、算法的监管等。有学者认为，可以借鉴保护制药数据的监管排他性制度，鼓励算法的发表。用透明换取完全的保护是这一体系的逻辑。对算法的监管已经成为一个必须解决的伦理和技术问题。技术的变化和利益的竞争往往需要规则的响应，人工智能算法（以下简称"AI算法"）的正确披露成为现实已不可阻挡。《中华人民共和国反不正当竞争法》为商业秘密的正确披露提供了一条一般路径，即举报人豁免制度。然而这条道路是否可行、如何实现，我们不得而知。因此，我们应该探索AI算法"黑匣子"形成的原因和AI算法商业秘密保护的路径，并分析如何完善AI算法的披露免疫制度。[①]

算法不可解释的风险和不可解释算法产生的原因加剧了不平等，阻碍了自由选择，增加了不安全感，引发了人们对算法能力可控性的担忧。AI算法的不透明体现在获取技术的难度和生活的方方面面，对隐私权、质押权、被遗忘权等人权造成不可控制的损害。

毫无疑问，人工智能技术具有两面性，既能给社会带来积极作用和巨大的经济效益，也会使社会面临道德和伦理风险。算法歧视问题是人工智能算法造成的最突出问题。在传统的人类社会中，歧视是可以直接被识别的，人类通过语言和手势来表达自己的偏好。人工智能技术从人类创建的庞大数据库中学习。然而这些数据集往往是有偏见的。例如，当人工智能选美评委在2016年担任评委时，它放弃了大多数黑人候选人。大数据和算法的结合使得算法歧视具有识别的挑战性。就数据和算法之间的关系而言，

---

① 姚叶.人工智能算法的不可解释性：风险、原因、纾解——兼论我国"举报人免责制度"的具体建构（英文）[J].科技与法律（中英文),2022(3):129–137.

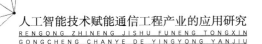

算法偏差主要包括三个方面：一是基于算法的偏袒。虽然政策制定者采用客观、中立的基本资料，但是把这些客观、中立的资料合并在一起就会造成歧视。二是基于特征选择的方法进行了差别化处理。当算法对特定群体进行歧视时，偏见将被重复和强化。算法有一个价值取向，这种中立性有可能在"黑盒子"包中失去平衡。这种歧视反过来又产生了多种消极后果。第一个是社会资源分配的不平等。例如，在银行使用算法向贷款人提供信贷的情况下，某些无诚信的人从银行获得贷款的机会较少。第二个是价格歧视。例如，通过收集用户的旅行选择和偏好的数据，旅行的算法定价被用来伤害熟人。第三种是司法公正。在美国，联邦法院裁定州法院的裁决缺乏权力，因为在州诉卢米斯案中使用了COMPAS 模型，卢米斯向州最高法院提出上诉。然而 COMPAS的所有者拒绝公开它以保持商业秘密。

该算法还可能造成人类隐私的泄露。留在互联网上的浏览记录、购买记录、身份信息等以及人的言论已经成为人类存在的独特符号和代表。然而，个人的控制和访问数据的权利都交给了数据的记录者和持有者，他们往往是技术公司、政府和其他组织的垄断。虽然《中华人民共和国网络安全法》规定了个人有删除个人信息的权利，欧盟 GDPR（《通用数据保护条例》）规定了被遗忘的权利，美国也强制要求公司删除用户的隐私。然而，算法被训练来分析数据，并可能在未经消费者同意的情况下推断出这些数据的来源，获得个人的完整形象。在这个阶段，人类的隐私权和被遗忘权无法与技术发展相抗衡。

Keith Sunstein 认为，互联网用户根据个人喜好选择获取自己感兴趣的信息，排除和忽略其他内容，从长远来看，可能会形成一个"信息泡沫"。"个性化推荐"和"积极反馈"是形成"信息泡沫"的核心要素，用户关注度是衡量广告商的广告投入。平台通过智能算法推荐获得用户的关注，用户黏性得到增强。然而，用户的偏好也会得到正反馈，他们会误以为自己的价值观就是主流价值观。这种信息偏差就是"信息泡沫"，是自我认知的偏差，是很难变化的。在一个技术理性越界的社会中，错误的、不公平的、歧视性的待遇，制度化的隐私问题，以及自我认知的偏差都与算法不透明或"黑匣子"有关。调查算法不透明的原因是风险控制甚至是风险缓解的一个重要组成部分。

（2）算法"黑匣子"形成的原因

AI 算法的技术特性和企业的逐利本能导致了在 AI 算法保护模式的选择上对商业秘密机制的偏好。然而，人工智能算法的"黑箱"性质和"保密"性质的结合对司法环境、公共道德、个人隐私、社会创新等许多领域构成了威胁。

算法"黑箱"形成的首要原因是 AI 算法的"自解释性"。"深度学习"是一个"端到端"的黑匣子，人类无法知道自己决策的过程、理由、原因。首先，人类有时不理解，更不用说具体描述他们设计的算法。例如，脸书的工程师紧急关闭了他们自己发明的程序。无论语言是否可读，大型数据集中的算法仍然可能不可预测地运行。此外，这种不可预测性并不取决于算法本身是被设计成"预测性的"还是"描述性的"。例如，一些算法的决策过程是基于随机化技术（随机算法）。然而，随机化技术本身会严重限制结果的可预测性。其次，合并使用的运算法则增加了理解这些规则的难度。AI 算法不必单独地使用，与此相比，集成算法更多地被用来帮助将数据仓库应用到各种行业中。许多算法被用来对资料库进行分析，以找出诸如信贷评级或网飞公司排行等最优的解法。再次，AI 是算法不能说明的。这不仅仅是因为"算法结构"的复杂程度，更是因为目前的算法处于"结构性"的大数据背景下。算法没有单独运行，它在大数据系统中运行。在前一个

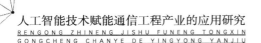

会话中生成的数据或信息的结果被用作后一个会话的输入。从这个角度来说，研究算法本身的内容，只能解释算法在后一环节应用的逻辑，而不能解释前一环节应用的逻辑。因此，算法可解释性不仅需要检查算法或代码本身的内容，还需要检查算法在大量数据系统中的位置以及所执行任务的内容。由于人工智能算法的工作原理不清晰，导致了算法的不透明。

AI 算法的人为不可理解性加剧了 AI 算法的不可理解性。商业秘密机制的性质与企业保护人工智能算法的要求是一致的。我国原《中华人民共和国反不正当竞争法》将商业秘密定义为非公开的知识、价值、秘密管理的技术和商业信息。《商业秘密保护条例（征求意见稿）》将商业机密的保护要件改为"不公开""商业价值""权利人采取了恰当的保密措施""权利人采取了相应的保密措施"。在 AI 算法中可以保护的主要是技术信息，例如数据（用于训练 AI 算法）、设计模型（可以认为是技术图纸）、编程规范、源代码以及相关的技术信息。此外，中国公司往往选择将其人工智能算法解决方案作为商业秘密来保护，而不是根据专利法来保护。《中共中央办公厅、国务院办公厅关于加强知识产权保护的意见》明确提出，要"探索加强对商业秘密、商业秘密信息及其源代码的有效保护"。欧盟的一项调查显示，在保护创造性信息的背景下，以数据为核心经济支柱的公司越来越有可能选择商业秘密来保护 AI 算法。很明显，无论是从制度设计还是实践来看，选择人工智能算法作为商业秘密保存都是合理的。

商业秘密保护模式享有高度特权，是公司在实践中的选择。首先，商业秘密的保护范围是巨大的，客户名单、生产方法、营销策略、定价信息和化学配方、一个未经授权的创造过程等，能够为企业的发展做出贡献。商业秘密制度与专利制度相关，因为两者都可以为有价值的信息提供具体的保护，以防止他人使用。

其次，商业秘密没有时间限制，容易获取。业主不必支付注册费。商业秘密是以保护为导向的，其主要功能是让企业独家控制信息产品，而无须遵守诸如向政府当局提供有关商业秘密的信息等手续。因此，对商业秘密的保护通常授予那些无法独立发现或很快被需要付出巨大努力才能获得的发明所取代的技术。

对于 AI 算法的"黑匣子"来说，监控其功效处于至关重要的位置。只需适度披露用于训练算法的数据集及其设计逻辑，就能让公众对其设计和应用进行有力监督。欧盟和美国开发的举报人豁免权在数据算法时代保护了人工智能算法的保密性，鼓励员工在适当的时候披露非法算法，并对人工智能算法提供风险控制和适当的监督。

二、算法偏见与歧视

人工智能技术在公共领域和私人领域中的应用越来越多，基于人工智能技术的自主决策所带来的歧视问题已经暴露出来。这种歧视性具有高度的隐蔽性、自上而下的结构性和系统连锁性，使得它的识别和控制变得更加困难。本书从算法歧视的具体表现入手，分析了算法在运行前、运行中、运行后期的偏差成因，并从技术理性、主流价值导向、完善法规和使用者自身素质等四个层面进行规制。[①]

在当今的人工智能时代，算法已经在教育、家政、医疗、娱乐、公共等各个领域从各个方面影响着人们的思想和生活。人们通常相信，算法是基于大量的数据进行决策的，它的准确率要比人类的决策高得多，从而产生了一个更为公正的社会环境。但事

---

① 赵迟迟, 刘淼. 大数据时代算法歧视的法律规制研究 [J]. 互联网天地,2022(8):53-56.

实并非如此，它的计算规则并不是绝对公正的，尤其是在媒体平台上，利用用户的个人资料不断地向用户推荐类似的内容，这种高度相似性的东西会腐蚀和固化人们的思维。此外，算法应用到生活中的各个领域后，"算法歧视"所引发的负面效应已不容忽视。

1. 人工智能时代下的"算法歧视"

"算法歧视"指的是利用算法的过程中进行收集、数据整合、生产与分发中所产生的歧视（如图4-7所示）。

2019年，欧盟委员会AI高级专家小组发表了《可信AI的伦理指南》。七条规则组成了可信AI，其中包括保护人类的自主能力。也就是说，人类不能任意地践踏人工智能，也不能被它所控制，它的管理者有权干涉任何决策。目前，人工智能在公共领域和私人领域都得到了广泛的应用，特别是在就业、教育、司法、公共等高价值的行业中，如果算法被不恰当地使用，将会产生严重的社会影响。

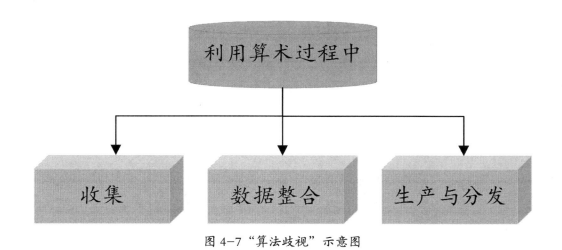

图4-7 "算法歧视"示意图

"算法歧视"的具体表现可以概括为种族歧视、性别歧视、价格歧视、社会歧视以及老年人歧视。就拿消费歧视来说，在互联网时代，网络运营商能够准确地描绘出用户的用户画像，洞悉用户偏好，根据用户的特点制定差异化的价格，从而达到最大化的目的。某些公司曾经通过大量的数据来"杀熟"，反映出"千人千价"的现象，为自己的老客户提供不同的产品或服务。

除了以上所提到的歧视之外，在传媒平台上对算法的歧视也是一个重要的问题。基于大数据的算法技术对传统的门禁力量产生了很大的影响，使得门禁的力量不断地向算法的制作者倾斜，而对用户进行个性化的推荐则是最有效的方法，但是数据的质量和数量也会影响到他们的推送。这一隐性的歧视会使个体的信息变得狭窄，从而使信息茧房的危险变得不可忽略。从这一点可以看出，计算机算法产生的有意识或无意识的差别反映到了现实生活的各个层面。

2. "算法歧视"肇因

目前，快速发展的演算法和广泛的应用可以视为一种新的利润分配手段。在这个分配机制中，技术的优胜者将会占据很大的份额，并因此获得更多的好处，而不属于或落后的用户将会被放弃。

"算法歧视"是虚拟世界中的一种普遍现象，它具有巨大的"杀伤性"，可以在网络上造成巨大的影响。"算法歧视"的产生有多种原因，主要有三：算法的初始偏见、算法运行时的偏见以及算法外部的干扰。

在算法设计过程中产生的最初偏差主要有两类：第一类是由编程自身造成的；另外一种情形是程式设计者会扰乱程式设计。

程序员的政治立场、思想形态、文化背景、学术背景都不一样，这些思想都会被刻意地嵌入到算法中。换句话说，人类的算法本身就是一种偏见。算法运行中的偏差主要来自能够进行学习的人工智能，按照人工干预的程度，可以将其分为两大类，即半自主学习和自主学习。所谓的半自主学习，就是让机器在运算的基础上模拟出自己的数据。[①]

所以，"喂"给程序的数据是否受到了污染，这是决定最终结果的关键。而自主学习，顾名思义就是程序会自动收集到大量的数据，然后构建相应的模型，当然，如果数据不准确，也会导致"算法歧视"。由此可以看出，半自主式的学习方式在社会媒介中尤其常见，这种歧视的根源在于"精准"地推送，从而使某些群体对某一特定的信息形成了一种自我强化、定型的观念。由于算法的外在干扰而产生的偏差更大，种类也更多。常见的现象有：由外部隐性的力量干预引起的算法歧视，由盈利需求驱动的"算法歧视"，程序的不规范应用产生了"算法歧视"。经济增速的放缓、人力成本上升等因素带来的巨大竞争压力和用户需求个性化的加强，促使传统行业加快数字化转型，从而实现降本增效，提高企业的竞争力。

而智能通信云技术在传统企业数字化转型的过程中承担着企业内部人员之间、企业与客户之间、企业与合作伙伴之间信息传递的重要作用，帮助企业优化沟通和提高协作的效率，助力业务创新。

企业 IT 基础设施云化水平逐渐提升，IaaS 层建设完善，为企业升级自身通信能力奠定了基础。

目前，各行业企业数字化升级如火如荼，面对诸多业务挑战，企业的需求主要集中在以下两个方面：

第一，在产品能力方面，企业需要加强产品的互动性和服务能力，树立行业口碑，对于音质、画质、音视频稳定性、流畅性等方面提出更高要求。

[①] 高丽华,刘尧.人工智能背景下的"算法歧视"及其治理[J].新闻战线,2021(22):47-49.

第二，在营销与服务能力方面，企业需要搭建统一的呼叫中心或客服部门的客服系统，一方面支持全渠道客服业务，坐席系统可以通过统一的操作系统进行呼入、呼出和在线服务；另一方面，企业也需要智能化客服机器人，替代或辅助人工进行重复性咨询问题解答，或固定话术的营销活动，分流坐席压力，保证服务的及时性和质量。同时，企业内部也应该依靠客服系统进行客服管理和服务质量监督，对客户数据进行分析，辅助指导企业的营销和服务策略。

第四节　监管风险

一、知识产权与数据资产保护争议

人工智能科技和产业的出现及发展，促使知识产权保护制度的发展。应当采取正确的态度对待人工智能带来的知识产权保护新问题，从知识产权具有独特的利益平衡机制出发，以人类和自然人为中心来研究包括知识产权保护在内的法律问题。

知识产权制度从来都是科技和产业发展的产物，跟随科技和产业的发展而发展，同时也是科技和产业发展的推动器，为科技和产业发展保驾护航。现代知识产权制度是从工业化时代开始形成，历经后工业化、经济全球化和信息网络时代的发展演变，而今又进入智能时代（如果可以作如此时代划分的话），如图4-8所示。

如今，人工智能已经成为最先进的技术，也是因为人类的科技水平达到了一定的高度，再加上网络和大数据的支持，才会出现这样的现象。大数据、算法和计算能力构成了当今人工智能的三根支柱。人工智能时代的到来必然会为知识产权保护带来新的课题，知识产权制度当然会适应人工智能科技和产业的要求而发展变化。

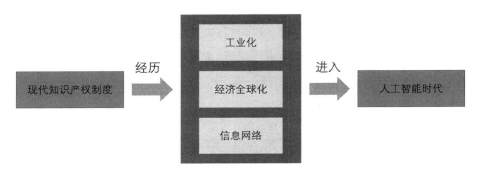

图 4-8 知识产权发展演变

人工智能的发展势头很猛，潜力也很大，但它的技术和商业化都还处在初级阶段，还需要一段时间才能大规模推广。人工智能的发展已经给目前的知识产权保护带来了一定的冲击，而知识产权的保护实践也已经做出了相应的反应，但是这种新的冲击和需要还只是表面上的，还没有到需要深入、彻底地改变知识产权体系的程度。当然，理论是要有先见之明的，而在实践中却是要循序渐进的。在人工智能的知识产权保护问题引起热烈讨论后，人们在法律、方法等方面进行了许多前瞻性的探讨，为人们创造了一种丰富的想象空间，但是也不乏泡沫和盲目的炒作。

有人指出，与以往任何技术的碰撞都不一样，人工智能是对传统知识产权的观念和体制基础的颠覆。不过，这一认知还有待考验，这样的论断还太早。虽然如今机器人、智能创作、算法、大数据等新概念和新词语让人目眩神迷，但在实际的法律调整中，仍然有必要将其融入现行的法律制度中，而现行的法律制度又具备了适应新事物的能力，如目前在司法实践中、人工智能作品版权案、北京某公司诉北京某某网络技术有限公司侵权案等与人工智能有关的案件。综上所述，在现行法律框架下，面对由人工智能引发的新知识产权问题，基本态度应该是积极包容、坚决扩张、审慎颠覆，但仍存在争议。

2017年7月20日，国务院发布的《新一代人工智能发展规划》中对人工智能的权利享有和主体界定问题进行了充分的讨论。不难看出人工智能是否能作为民事法律主体这个问题对于依法治理人工智能的重要性，且本问题具有非常重要的性质。民事法律主体即民事主体，按照《中华人民共和国民法典》的规定：民事主体为自然人、法人和非法人组织。自然人指按照生理规律出生的人。法人是拥有民事权利和民事行为能力，并且依据法律独立享有权利并承担义务的组织。非法人组织是指不具备法人的资格，但能在法律规定的条件下通过自己的名义进行活动的组织。而对人工智能作为民事法律主体的界定问题，理论界对此有两个观点。肯定说认为人工智能可以成为民事法律主体，理由是随着技术的不断发展以及完善，人工智能会逐渐发展成为具有自己深度学习的能力和更好地模仿人类意识的一项技术，应当赋予其"电子人格"。已经有在实践生活中将机器人赋予公民身份的实例发生。

2017年10月26日，由香港汉森机器人公司生产的类人机器人"索菲亚"在沙特阿拉伯被赋予了人类公民身份，成为世界历史上首个被赋予人格身份的机器人。否定说则认为人工智能不具有自我意识，同时也不具有生物意义上的人的结构和机能，不能成为民事法律主体。从法律主体的角度进行分析，人工智能在生物、智能技术方面取得突破，人类主体独有的感情和创建能力也可以被其模仿，出现了人类与机器互补、互通、互联的现象。2014年5月，微软（亚洲）出品了人工智能框架"微软小冰"，但与其他人工智能不同，它可以与人交互，且能够拟制合成人类情绪，强调人工智能情商，而非单一地完成指示任务；它还可以通

过对人类优秀的创造能力进行学习，从而创作出与人类同等质量的作品；同时它还具备各种社会化角色。

总之，人工智能的出现和发展势必会扩展"人"的内在含义及其外延。虽然自然人的概念不会因发展而消失，但是技术的进步可能会使得在法律中的人格概念发生扩展。人工智能从何种理论判断标准来获取民事法律主体的地位是本问题的关键所在。笔者认为人工智能不是民事法律主体。从自然人、法人、非法人组织的角度进行说明。

首先，自然人被法律认可的关键因素是其具有自由的意志，而自由意志决定着自然人能够独立行使权利和承担义务，能依据理性进行约束自己谋求利益的方式，并可以对自己的行为负责。其次，法人不是生物学意义上的"人"，但能成为民事主体的原因，还是自然人自由意志的延伸。法人是自然人集合的组织体在法律上的代言人，组织体的意志仍然要落实到自然人的身上。最后，非法人组织同样是由具备自由意志的自然人成立的组织和机构，它仍是以自然人自由意志的集合来表达非法人组织对相应法律行为的意志。尽管人工智能拥有一定的智能生成的目的和行为，但与人类有目的、有意识的行为性质不同。故此人工智能作为民事主体的理论判断标准关键在于是否具有自然人的自由意志。虽然"微软小冰"这类人工智能模仿人类的技术和学习能力已经在一定程度上高度完善，但是它们还不符合具有自由意志的标准，也就无法成为一个自然人进而拥有民事主体的地位。在现存的法律中，非自然人作为民事主体的理论没有足够的支撑，因此人工智能的民事法律主体的界定问题尚存争议，这个问题也是当下法学界和法律学者的热议问题。

二、个人隐私安全问题

近年来，人工智能技术发展迅速，其商业价值日益引起人们的重视。当前，最常用的方法就是利用人工智能技术来分析使用者的行为习惯，为市场营销提供针对性，以减少运营费用，提高工作效率。但是，由于人工智能技术把个体的生命活动投影到了互联网上，这对个体的隐私安全构成了极大的威胁。

随着科技的发展进步，人工智能与人类的联系越来密切。人工智能给在我们带来生活便利的同时，也对隐私权的保护提出了挑战，人工智能的重要组成部分就是算法和数据，算法和数据来源于对个人信息的收集，越智能的算法和数据就拥有越强的处理个人信息的能力。因此，保护我们个人信息与隐私的议题应当被逐渐提上日程。人格权是自然人享有的，维护其人格独立、人格自由、人格尊严所必备的固有权利，分为一般人格权和具体人格权。隐私权，亦称为隐私或者私生活，是指与公共利益、群体利益无关的，不愿他人知道或他人不便知道的个人信息，不愿他人干涉或他人不便干涉的个人私事，以及不愿他人侵入或他人不便侵入的个人领域。对于大多数人而言，隐私是一项权利。而人工智能时代的到来使隐私权的内涵有了新的含义注入。但人工智能时代的隐私权和传统的隐私权在本质上是相同的，二者都是具体人格权，且还是一个自然人所固有的民事权利。首先，科技的进步带来了新的侵权主体和侵权方式，传统的隐私是公民的个人信息，即姓名、年龄、性别、教育情况、宗教信仰等信息，而智能时代下的隐私在原有的隐私的基础上向外延伸，涉及公民的电话、家庭住址、个人的喜好等方面。其次，更加智能的技术导致了侵权主体具有多样性，传统的侵权主体往往是自然人实施的行为，但现在人工智能被输入指令后便会进行操作，远程操作使得个人

信息更加容易被窃取，而操作系统的创造者也会成为侵权的主体。因此，"网络隐私权"的概念被提出，它是个人隐私信息在使用网络时的延伸，不仅指的是用户的敏感信息不能泄露，也同样指不经过他人许可不能对他人的隐私信息进行恶意收集、公开、复制、利用的一项权利。但在科技快速发展的进程中，这个概念已经不能全部概括隐私全新的内涵。比如，"推断性信息"的出现，即对人类生活方式的规律性进行分析和整理，通过大数据技术和算法归纳出凝结了个人喜好和个人习惯的信息。一些看起来不起眼的信息和无关紧要的小习惯与隐私权的主体密切相连，也存在着个人不愿透露、公开的信息。2016 年 Facebook 的 5 000 万用户信息的泄露事件震惊中外。据英美报媒的综合消息，这 5 000 万条信息包括美国 11 个州 200 万个匹配文件。此次 Facebook 数据泄露的根源主要是一名英国剑桥大学心理学教授于 2014 年推出的应用软件"这是你的生活"，它的功能是向 Facebook 的用户提供心理测试，而这款应用收集的信息包含了用户的住址、性别、种族、年龄、工作经历、教育背景、人际关系网络、平时参加了什么活动、发表阅读过的帖子以及对帖子的点赞信息。当时有 27 万用户下载了这个应用，应用的开发者不仅对这 27 万用户的信息进行窃取，还将侵犯隐私的魔爪伸向了他们的好友。由此观之，人工智能时代的到来，一个人在互联网上的不慎操作会引发个人信息的泄露甚至会波及到与自己相关联的人的信息。大规模的用户数据、个人信息被披露，使得网络上的个人空间逐渐变得透明，网络成为个人隐私泄露的重灾区。现如今我们身边的电子产品、应用程序更像是一个监控，在我们不知情的情况下采集并分析个人信息，而我们的人格自由在这种大环境下被逐渐消磨。此外，个人信息被非法买卖的问题也十分严重。2017 年 2 月 9 日，浙江警方破获了一起全国首例利用人工智能犯罪的案件。警方在这个团伙的电脑中发现了大量的个人社交软件的账号和密码。经调查，这些信息来自一个黑客团伙，该团伙通过收集互联网上的验证码，运用人工智能学习识别验证码的能力让机器自主操作识别并绕过平台设置的登录验证。黑客将获取的数据信息进行分门别类地销售，卖给这条黑色产业链下游的犯罪分子进行各类网络诈骗活动。个人隐私信息被非法买卖的案件时有发生，保护个人信息与网络当中的人格权问题亟待解决，不仅各大互联网平台应当提升自身的安全性，政府更应该作为一个监管者的角色参与到公民隐私的守护计划之中。

三、隐私保护的重要性

在网络世界，个人的隐私权一直是人们关注的焦点。大数据时代的来临使得这个问题变得越来越重要，它的作用越来越广泛。它的收集、处理和应用的安全性都离不开互联网，互联网在传递信息的时候，速度、交互性、多样性等都是人机交流的特征、它的隐蔽性很强，使得它的信息在传递过程中会产生大量的侵权，特别是对个人隐私的侵犯。

在大数据时代，传统的个人隐私保护方式中的告知、许可、匿名、模糊化逐渐被打破，个人的隐私也面临着空前的危机。因此，基于大数据时代的信息传播特征，对侵犯个人隐私权的行为和行为方式进行分析和研究，具有十分重要的现实意义。[①]

---

① 王长潇,刘娜.人工智能时代的隐私危机与信任重建 [J].编辑之友,2021(8):101-106.

四、个人信息存在的安全问题

（一）账号安全

人们可以通过互联网进行社交，并可以拥有多个社交网络账号。为了便于记忆，人们大多采用同一个手机号码或者邮箱进行注册，而网络运营商之间也是相互合作的，运用同一账户可以登录许多网站享受服务。此外，在互联网时代，人们常在网上购买东西或者进行银行卡转账等，注册时都需要填写自己的真实资料，因此这些信息就会被完全记录下来，一旦某一账号被盗，其他账号的安全问题也面临威胁。

（二）隐私安全

人们在社交网站上发布信息、聊天、分享照片等，他们的地理位置和位置都被数据化了，所以收集、访问、传播这些信息变得轻而易举。数字信息的持久性、可重复利用的特性给犯罪分子提供了很大的便利。同时，某些应用程序的安装也要公布自己的资料，并且我们的资料可以被读、改，否则就不能使用，网络会搜集、记录我们所有的资料。网络运营商在对用户的个人信息进行分析和分享时往往会产生大量看似无关的数据，造成用户的个人信息泄露，从而给用户带来极大的安全风险。

智能终端的数据安全性对智能终端的设计具有重要意义。目前，中国已是世界上最大的智能终端应用市场。这种可以在任何地方都可以移动的终端可以储存很多的个人资料。

因此，在使用这些智能终端设备时，人们对个人的数据信息安全问题始终有些担心，而智能终端数据的安全问题也成为威胁个人隐私安全的重要方面。

五、内部信任危机

要让人工智能为全人类服务，就必须要有一个让所有人都相信的办法。随着深度学习技术的发展和成熟，其从前沿技术逐渐走向了大众。随着语音识别、视觉识别、机器学习等技术的出现，人工智能已经在金融、零售、医疗、汽车等各个行业得到了广泛的应用。当然，人工智能的本领并不限于此，它也可以预测未来。比方说，人工智能服务于警察，可以预测什么时候什么地方有什么犯罪；人工智能服务于医生，可以预测病人发生心脏病、中风的概率；研究人员还试图赋予人工智能更多的想象力，期望它能够产生人类无法预料的效果。其实，在做出人生决策之前，我们必须预先预测。随着科技的进步，人工智能的语言能力也会越来越强。不过，虽然科技进步很大，但必须承认，对于人工智能的预言，人们还是不太相信。最近有研究表明，人们不喜欢依赖人工智能，而更倾向于相信人类专家，即使这些专家的预测是错误的。要让人工智能为人类带来好处，就必须要有一个让人信服的办法。研究人员曾进行过一项实验：让来自不同背景的人看各种各样的科幻电影，然后询问他们在日常生活中遇到的一些自动化问题。结果：无论人们看的影片是正面的或负面的，对于科技的前景他们都会有不同的看法：乐观的人对人工智能的狂热程度会更高，而怀疑者会更谨慎。这说明人们在利用与人工智能相关的证据时，存在着一种偏颇的倾向，以此来证明自己的观点。实际上，这种趋势是根深蒂固的，也就是所谓的"验证偏差"。由于人工智能被报道得更多，这将导致社会的严重分裂，也就是从人工智能中获益的人和不愿使用人工智能的人。更严重的是，拒绝使用人工智能所带来的利益，将会使一大批人陷入极大的劣势。幸好，对于如何让人们相信人工智能，研究者们已经有了主意。研

究表明，人类智慧的简单运用可以极大地提高人们对这种技术的看法。就像现在的网络一样，人们也是抱着怀疑和警惕的心态。但是当网络越来越流行的时候，人们就会毫不犹豫地使用和相信。这项研究显示，让人们更多地投入到人工智能的决策中，能增强人们的信任感，并且能够从人类的经历中吸取教训。一份研究显示，一个人可以随意地改变一种算法，让他们对自己的决策更加满意，更加容易认为这个算法是最好的，将来也会更容易使用。①

① 廖海辉.试论大数据给 5G 通信行业带来的挑战 [J]. 数字通信世界,2019(4):147.

第五章

应对人工智能带来的风险和挑战策略

　　自动化是由人工智能实现的，它可以极大地提高生产率和节约人力，推动人类社会物质财富的繁荣和发展。与此同时，人工智能将代替部分技术含量较低的体力工作。在人工智能技术发展的今天，人们对传统职位的需求已经发生了结构性的短缺，而机器人与人类之间的就业竞争必然导致就业问题。由此受打击的不仅仅是制造业，还有零售业、服务业、运输业等低收入行业。调查显示，那些需要几年的训练才能胜任的行业也会遭受打击，比如医疗、法律、金融等，可以说今后各个行业都会受到影响。在过去的三次工业革命中，机器人取代了人力，而现在，人工智能将会取代人力，这将会给劳动力市场带来极大的变化。

　　技术革新的最重要的先决条件是安全，而最大的风险就是人们不能掌控技术，或是新技术落到非人的手里。质疑人工智能的安全性是杞人忧天吗？一位 22 岁的技术员在德国大众公司的一家工厂被他安装的一台机器人杀害。一旦人工智能失控，那么人类就面临巨大的威胁。人工智能建立在云计算、计算规则以及海量数据的基础上，互联网、大数据等技术的发展使其安全性问题难以预测。人工智能从因特网的海量数据开发中受益，而网络黑客和病毒能威胁到人工智能，如因为医疗器械遭到了黑客的袭击致病人死亡的案例，又如在和平年代人类不得不随时担心核武器带来的不可控后果。

　　法律本身就具有滞后性，也就是说往往当问题出现的时候才会对问题进行分析，然后得出解决的方法，且需要通过法律对发生的问题统一解决和规制，所以完善相关的立法体系具有非常重要的意义。人工智能的发展是时代进步的必然进程，人工智能对社会生活、公共管理等方面带来了颠覆性的变化，现存的立法体系已经不能满足依法治理人工智能的需要。正所谓经济基础决定上层建筑，法律并不是一成不变的，它必须随着生产力水平和科研水平的变化而变化。因此我们需要对相关的立法体系进行具体化完善。但制定一项新的法律非常复杂，因为它是国家专有的一项活动，需要由有制定权的国家机关或获得国家授权的国家机关实施，且需要严格按照法律的规定程序进行，所以不论从哪方面进行操作看起来都是很复杂的。我国现在的立法周期、立法技术、法律形式难以满足人工智能时代大量新兴事物出现带来的法律需求。但人工智能带来的新问题已经出现，因此我们可以采用司法解释的方式进行先行补充。从理论上来讲，司法解释指的就是依法有法律解释权的机关做出的有效力的解释。在广义上来说，法官审理每一起案件时都需要对法律做出理解，然后适用于具体的法律问题。我国的最高法院和最高检察院会根据典型性案例总结出需要对具体法律适用解释的方面做出新的司法解释，这种解释具有普遍适用性。经过对现有情况以及已经遇到的问题进行剖析，当司法解释已经不能满足现实发展情况的需要时，那么就需要对现实的情况认真考虑，针对现实情况重新确立司法解释，并提出原则性的立法补充。原则性的立法指的是像民法当中规定的基本原则一样，是最重要的要求，也是不可撼动的准则。应当以此为依据来约束各种行为的实施。首先，人工智能不能成为具有法律人格的主体是原则性问题。其次，它只能是辅助人类进行社会活动，并起到辅助帮助作用的工具。再者，人工智能的研究与开发要满足国家安定、民族安定的基本原则理论，并以此理论为基础进行、研究、开发、创造。任何事物的发展存在都需要遵循一定的规则，人工智能当然也不能例外。回首再看我国人工智能的发展情况，在国家政策的大力支持和技术的不断研发下，人工智能的研发突飞猛进，快速发展。而在立法体系层面却还没跟上人工智能发展的脚步。因此建议有关监管部门、立法部门应该完善或者出台人工智能的相关立法体系和发布措施，且通过学习、结合外国已经提出的理论完善我国的立法体系，这不仅可以为人工智能的发展保驾护航，也可以防止已经预见到的问题实际发生造成无法弥补的损害，并在伦理方面（包括安全性、个人隐私、责任、价值归属等内容）、科研价值层面以及长期发展层面，对能够被预见的问题制定防范措施。同时人工智能的开发设计人员、科研人员以及具体的制造人员都会对它产生道德、价值观等方面的影响。因而这些人员有责任并且有义务塑造出一个具有正常道德标准和动作的机器。在长期发展层面需要对人工智能的能力进行警惕，并强调针对已经预见到的问题进行防范并落实规划措施，防止后续发展过程中已经预见的问题实际发生。人工智能已经不仅仅是关联到某个国家或组织的问题，而是关乎整个人类发展的重要性问题。

作为新的生产要素，人工智能为社会物质财富的积累做了卓越的贡献，因此，当人类与智能机器深度融合时，机器人总是会不可避免地给人们带来损害。换句话说，在现有的技术、法规中，机器人一旦发生意外，应由其设计者或管理者承担相应的法律责任。然而，在由机器人自行做出决定时，按传统的问责原则很难找到相关的责任者，解决机器人问题就会步入更深层次的困境。随着人工智能技术的不断发展，我国现行的法制建设面临着前所未有的挑战。如何有效避免人工智能对现有的法律制度带来的冲击，规范和促进人工智能的发展，这是人们需要面对的法律难题。[①] 下面我们从人才培养和法制建设两方面来阐述该如何应对人工智能带来的风险和挑战。

人工智能技术与互联网、大数据、实体经济的融合越来越密切。网络空间作为民众生活的新空间，安全网络、信息化不仅关

---

① 邢晓男,陈晓英.人工智能发展带来的挑战及应对策略[J].学术探索,2017(8):32-37.

乎国家安全和社会发展，对民众的生活和工作也同样存在着极大的影响。人工智能安全使用标准化的制定无疑是对法律界提出了一个巨大的挑战。由此可以看出，制定网络信息化安全标准的重要性已经迫在眉睫。首先，应该在国家层面指导下，通过设置专门的重大科技牵引技术，及时制定并发布配套的政策，引导社会进行关注并及时引进资金投入，并通过这项技术建立安全标准化系统。因为社会不断地在发展，所以人工智能技术也在不断地进步，技术的发展也带来了新的安全、伦理问题。我国近些年在这个领域也采取了一些相对应的措施，产生了一些成果，但还没有全面落实，还有很远的路要走。因此当下急需对我国使用人工智能产生的安全及伦理问题进行解决。我国分别在2018年1月发布了《国家人工智能标准体系建设指南》，并在同年由国家标准委员会和工业和信息化部进行指导发布了《人工智能标准化白皮书》；2019年8月30日又发布了《人工智能发展导则》；2020年8月5日印发了《国家新一代人工智能标准体系建设指南》。尽管如此，仍然存在制定安全标准不完备的现象。首先，在《国家人工智能标准体系建设指南》中，对安全标准的规定很大程度来说已经很全面了，但对于现今存在的伦理标准、安全标准的解决方法还远远不够。其次，《人工智能标准化白皮书》中虽然已提及安全、伦理标准问题，却没有提出具体的政策，且还没有落实到位。从内容上来看，对伦理标准的规定也是一笔带过。国内现有的有关标准对人类、制造者、使用者所发生的行为也没有具体进行约束。同时，我国还存在着与国际层面协调合作不足的问题。笔者提出的建议是，需要将人工智能伦理道德标准作为重点进行标准制定。因为伦理道德标准问题是人工智能在具体应用过程中能够给大众带来较多特殊问题的关键因素，所以对伦理问题进行标准制定，可以促进人工智能的发展有序进行。以智能机器的运作原理

来进行说明，智能机器是依靠科研人员的技术研发才能进行运作。因此规范制造者和机器的行为，且针对使用者和人工智能制造者制定安全的伦理标准是人工智能及其技术的相关产业得以在法律规定的范围内顺利进行的前提。为了使我国的人工智能产业安全发展，需要对在人工智能技术领域内的科研人员的行为进行约束，且要制定具体规则和专门的规范标准予以约束。另外，公平原则同样也很重要。公平原则是指不同地方、不同性别、不同身份的人都应当具有使用技术的权利，不得利用技术的手段歧视任何人。我国的人工智能技术起步较晚，属于后起之秀，故应向国际上拥有先进理论的国家学习，取其精华、弃其糟粕。所以从人工智能安全标准与国际合作的方面来看，建议把人类命运共同体的概念贯彻进人工智能和网络空间的安全治理上。要拥有国际目光和全球视野，增进和国际交流、合作、沟通，并参加国际人工智能与网络空间的行为规范、法律法规、伦理准则的研究与制定。自主建立网络空间和人工智能的国际合作的平台，主动争取国际化的网络空间和人工智能安全治理的主导权和话语权。我国要高度重视人工智能的安全标准化工作。由此结合现在的国际人工智能安全标准和我国的人工智能技术的发展特点，对我国深化人工智能的安全标准提出两个建议：一是充分利用我国人工智能技术应用的数据规模优势，建立具有专业能力的专家队伍，保障我国人工智能国际标准化工作可以顺利进行；二是紧密跟进研究国外人工智能的安全标准化的做法，再结合我国的国情，借助国际力量推进我国的人工智能安全标准化不断完善。

第一节　培养新时代人才

面对全球经济科技大环境的深刻变化及国际竞争的白热化趋势以及国内对人才的需求变化，全球人才流动规律正在变化，中国的人才培养的管理体系，特别是国际人才引进与管理，如今站在了全新的历史拐点上，亟须全面调整与系统转型。首先，人工智能技术的高速发展及产业化应用作为新一轮科技革命和产业变革中的一个典型代表，已经开始对"人"的内涵及其外延产生深刻影响，并将不可避免地引发持续的连锁反应。人才作为以个体价值为基础的衍生概念，其内涵和特质势必在这个过程中逐步演化嬗变，而与之息息相关的人才政策、人才需求也将面临新一轮的挑战。其次，中美贸易战的持续发酵正在加速改变国际人才竞争的格局，使海外人才流动的宏观环境发生显著变化，亟待面向未来做好人才政策转型的预案。总的来说，人工智能时代人才政策研究的新挑战包括四个方面：第一，新时代人才争夺新格局和人才个体价值的重塑将形成新的人才发展治理理念，并推动人才发展治理体系转型；第二，国际人才流动的新态势对现有海外人才引进策略和措施形成重大挑战；第三，创新范式转型对人才创新创业治理模式提出更高要求；第四，人才发展新需求将推进人才培养模式的进化。

一、内部培育与外部引进并重的人才策略

从根本上来讲，通信行业的竞争说到底还是高层次人才的竞争，人才的引进与培养是通信行业发展的动力和源泉。现在很多企业都已经深刻意识到人才引进与培养的重要性，但是不管是外部的引进还是内部的培养，都需要公司管理者进行仔细地斟酌和

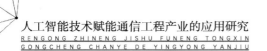
推敲分析，只有将两者有效结合，优化人力资源的结构，才能促进整个通信业的可持续发展。

对通信行业而言，人才资源是排在第一位的有效资源，在人才、技术、管理、市场、品牌等众多的影响因素中，人才是最具核心竞争力的社会影响因素。技术是由人进行掌控和实行的，管理也是由人进行操作的，所以通信行业的品牌和形象都需要人才运行和掌握，这就更需要通信行业加强建设专业的人才队伍，完善通信行业的体制和设施。

在未来的市场竞争中，人才是最具有竞争性的。优秀的学科团队带领人和优秀的管理人才都是市场竞争的主要对象。通信行业需要把人力资源的开发、应用、引入、培养作为重点研究战略，尽快打造一支高层次的通信行业人才队伍。

通信产业要根据新的项目和新的发展规划引进大批高水平的人才，然后进行相应的培训。不过，如果通信行业要保持现在的发展势头，就必须要考虑引进内部的人才，因为引进国外人才的成本会很高，通信产业也要考虑资金问题。

通信行业引入大批高层次的人工智能人才不只是为了寻找合适的学科建设的带领人，而是要为整个行业注入新鲜的血液，并且希望新引进的人才能够带来最新的人工智能技术和理念，激发现有员工的动力和活力，提高人工智能水平的建设，提高员工的积极性和技术技能。若通信工程行业在现有的技术人员中还没有找到合适的人选，可以考虑引入新的人才。若其内部有可供培养的对象，且不需花费太多，则可考虑从内部进行培训，尽早将其作为学科建设的骨干力量。

从社会发展的角度来看，社会对通信工程产业的需求、人工智能模式及人才供应状态等方面都有着一定的要求标准，通信工程产业在考虑自身发展和建设时，引进外部人才可以说是最快也是最有效的方式。

通信行业在进行外部高层次人才的筛选和引进时，需要根据所处地区的具体情况采用灵活的政策，了解高层次人才对工作和生活的追求标准。通信行业要想吸引人才并且留住人才，就需要对人才的基本诉求和未来发展有全面的了解。比如说目前正常情况下，博士毕业后一般都是三十多岁的人，如果他们在外地工作，通信部门可以考虑给他们安排工作。根据不同的需要，通信产业可以根据自己的实际状况为其提供最基本的生存需要。这是留住人才的第一步，也是最重要的。

目前来说，很多通信行业为了解决人才供给困难的问题，迫切引入大量人才，这就导致人才引入质量不确定的问题。一方面，优秀的人才引入自然能够带给通信行业带来良好的发展，其不仅可以成为学科的带领人，创建优秀的团队，还可以为通信行业打造属于自己的品牌，加大通信行业的市场品牌影响力。但是从另一方面来说，如果人才引进不恰当，就会造成有限资源的浪费，更有甚者还会使通信行业的学科建设发展停滞不前。所以，通信行业引进外部人才需要以市场的发展为方向，找准目前人工智能领域的前沿，把通信行业的经济效益和建设发展作为主要目标，严格控制人才引进的标准，寻找真正具有团队精神，并且能够增加通信行业效益的人才作为通信行业的重点培养人才。此外，通信行业要引进高素质、高学历、有责任心的人才作为团队学科的带领人，打造高技术、高素质的队伍。

在信息产业引入新技术的同时，也应重视对信息技术人才的后续追踪与培训。通信产业不是说吸引了高水平的人才他们就能立刻派上用场，如果不能及时地对这些人才进行培训和追踪，就会造成人员的流失，从而导致人力资源的消耗。引进人才只是第一步，根据公司的目标，通信产业至少要在二到五年内不断地培养人才，并定期考核，及时发现和解决培养过程中出现的问题，完善通信行业的学科建设。在挖掘外面引入的高层次人才的同时，通信工程领域也应重视内部人员的培训。尤其是对通信工程行业学科内具有一定知名度的院内人士，在信息技术方面，应充分发挥和发掘他们自身的优势，实现内外结合、协调发展。

通信工程行业是一个需要终生学习与摸索的领域，培养人才是发展通信工程产业不可或缺的一环。通信工作者总是在学习与探索中不断地进行着技术与知识的更新。因此，必须加大对通信工程工作人员的培训力度，适时地制订培训计划和培训方案，将人才的培养与教育作为一项重大战略来进行。①

在培养和储备人才方面，可以考虑采用国内外进修、重点岗前培训、学历学位教育等方式来培养。另外，通信工程领域也可以邀请国内外著名的教授、专家到通信工程领域做讲座，传授最新的信息技术，提升内部人员的专业能力，这同样也是培养人才的一个有效途径。

人才的管理建设不只是学科的通信工程师，还包括硬件工程师、软件工程师、5G 研发工程师以及其他众多的专业类别。通信工程企业必须强化各种类型的管理，形成一支精锐的队伍，通过不断学习与提高，从而提高企业的核心能力和品牌影响力。

通信工程行业在选择人才的同时，人才也在选择通信工程行业，这是一个双选的过程。因此通信工程行业领导人需要做到引入和培养齐头并进，共同进步。首先，创造一个良好、和谐的通信工程行业内部环境很重要，人才在工作中最需要的动力就是理解和支持，用人之道就是要以诚相待，为他们提供最好的生存环境和物质上的支持。其次，在通信工程领域应注重员工与员工的

---

① 杨娟娜.如何有效结合人才外部引进与内部培养[J].人力资源,2022(4):88-89.

有效交流，以降低或避免冲突，营造和谐稳定的内部人文氛围。

通信工程企业既要精心挑选人才，又要重视人才，充分利用好人才的优势，充分发挥自己的力量，通过科学、合理的方法和措施，为人才创造一个充分发挥自己价值的舞台。在信息技术产业中，要发挥人才的潜力，发挥人才的积极性、创造性和主动性，对人才进行科学的激励。只有不断提高专业技术人才队伍素质，才能推动我国通信工程事业的健康发展。

二、专业通信技能人才培养

目前 5G 已经步入商业化的阶段，对 5G 实战型人才的需求量也在不断增加。中国信息通信研究院的《5G 社会影响》显示，到 2030 年，中国将有 800 万个 5G 人才短缺。5G 并不只是 4G+1G 那么简单，5G 还必须与 AI、云计算等领域进行有效的融合，所以 5G 技术人员必须要具备高科技领域的高素质。面对这种变革与挑战，原本培养 2G、3G、4G 人才的传统模式必须转变。

移动通信网是一个复杂、庞大、多变的系统，5G 技术的出现为其实现智能化奠定了坚实的基础。在网络设计的初期，我们就已经做好了充分的准备，在不久的将来，随着网络建设的深入和终端厂家的合作，越来越多的应用程序和服务的质量越来越高，一个以高品质的网络为基础的信息世界将会大大地推动社会的发展，满足不同的需要。新形势下，人才培养如何更加专业化、科学化和适应经济社会发展，是一个值得思考和关注的问题。一直以来，通信工程作为高校热门专业，其培养模式也在不断探索、发展和创新中积累了比较成功的经验，为我国的信息化发展输送了大量的人才。同时，我们也要发现当前的培养模式中存在的不足，通过校企合作的手段，紧密结合社会需求，明确学校和企业

在整个过程中分别承担的角色，为通信工程专业人才的培养提供借鉴。

在技术密集型的行业中，专业技能人才必须具备的素养包括诸多方面，其中高尚的职业道德、扎实的理论水平、熟练的实践技能、沟通和管理能力的提升以及关联知识的储备等都是需要综合考量的关键因素。即将到来的第五代通信网络正在走向成熟，这种新空口技术下的协同异构融合网络更加符合未来智能化应用的需求。随着大范围商用网络建设的完善，万物互联时代导致负载能力的提升，相比于4G网络而言将会有质的飞跃。国内通信行业的跨越式发展使得通信工程专业技能人才的缺口加大。国内的通信工程人才培养模式是根据国外的先进经验总结，并按照我们的社会情况演进而来的，在相当长一段时间内为通信行业输送了大量的优秀人才，对社会经济发展起到了巨大的推动作用。纵观国内高校，无论是通信工程专业课程的安排、教材的选用，还是教师的水平，在对理论知识的传授方面都是无可挑剔的。而相对地，在实践教学方面，很多高校的重视程度不足，即使有完备的实验课程和实验室资源，在执行上也很难做到与理论教授所并重。很多高校的实训科目与社会发展脱节，也没有起到应有的作用。在5G时代，通信工程建设的区域集约化和专业化，需要从业人员具备更高的素质，这就迫切地需要高校寻求一种符合市场、企业和学生需求的创新培养模式。

完善的教学体系是取得教学成效的基础。高校作为教学体系的设置主体，需对传统教学模式进行调整，要满足学生对理论知识的汲取，要针对目前的就业形势设置以"教—学—做—评"为主导的创新型课程体系，加强对实践教学、创新教学的投入。经典电子通信系列教材具有不可替代的地位，但随着工程技术的不断进步，计算机辅助设计等技术的培训也越来越受到重视。专业课程教师要明确所授科目的定位，引导学生在掌握的基础上熟练应用。相应地，应该尽量把专业基础课程、软件及建模课程、创新实践技能课程等按类型打包设置，便于集中优质教学资源和把控教学质量。

现阶段通信专业技能型人才的培养即是针对行业需要，把创新型和应用型放在首位。高校应该积极探索，引入行业技术专家、工程建设骨干等人员充实教学队伍。校企双轨制、结构多元化的教学队伍能够满足学生对前沿技术的了解和掌握，培养学生的创新实践能力。例如，网络规划设计、工程项目实施、概预算的制定、基站勘察和网络优化等包含了诸多专业知识，需要熟练掌握理论知识，并加以融合运用，在此基础上，我们将重点放在宽带网络（NB-IoT）、大规模（MIMO）、软件定义网络（SDN）、网络功能虚拟化（NFV）等方面的知识，以提高学生对尖端技术的兴趣。此外，校外专家的视角更为全面和契合实际，可以对高校的人才培养机制提出更多建设性意见；企业在注重自身经济效益的同时也应当承担起一定的责任，为符合条件的、争取进步的学生提供实习和锻炼的机会，帮助高校构建、落地创新融合的人才培养方案。①

高校的发展离不开所处地区的资源支持，二者本身就存在相互促进的关系。近年来，很多高校依托区域优势，在人才培养方面搭建产、学、研一体化的创新实践平台。4G、5G网络的大规模建设需要的人才数量庞大，相关企业在通信建设中起到了中流砥柱的作用，在创造经济价值的同时也带动了地区特色产业的发展。高校的人才培养要做足功课，抓住契机，着眼全局，在综合考量整个社会对通信人才的需求的前提下，积极联合本地区企业，制

---

① 薛俊伟,刘雨潆.通信专业技能型人才培养模式探讨[J].信息技术与信息化,2017(10):93-94.

定对口培养方案，提高人才培养精准度。例如珠三角地区，有很多通信专业实力雄厚的高校，并且拥有数量庞大的信息科技企业，包罗了国内外知名的软件、硬件、通信服务行业和运营商。在信息技术专业的课程体系建设中，应根据市场发展的需要，结合自身特点，制定适合自身发展的教育模式，使每一个学生都能充分发挥自身的潜能。同时，学校和企业间的资源共享将会产生一个良性的循环，从而达到双赢。

时代的变化使学校的教学制度、学科结构发生了变化。工业时代的来临改变了我国经济、社会发展所需的各类专业人才，促进了我国高校的人才培养与专业制度的变革。在信息化时代，职业教育所需的人才类型与工业时代完全不同，为满足信息时代的人才需求，高等职业教育的专业结构和人才培养模式也随之发生了根本改变。在信息化、工业化、信息化背景下，我们可以看到，时代的发展对大学的学科建设、人才培养具有重大意义。当今世界进入了一个智能化的时代，为了适应现代社会的发展，高校必须在人才培养、学科建设等方面进行创新和改革。

时代发展对经济和社会的影响使人才的需求类型发生了变化，从而推动了人才培养体制的改革。在农业时代，我国的高等教育发展相对缓慢，主要是因为生产力低下、经济发展缓慢、对人才的需求比较低，同时又是以人文学科为主。随着电力、内燃机等科技的不断发展，人类从农业走向了工业化。在工业时代，出现了多种不同的行业，不同的行业类型产生了不同的人才需求，并由此产生了不同的高等教育体制。随着计算机与资讯网络的兴起，人类社会进入资讯时代，各类工业纷纷将资讯科技引进到生产中，因而对资讯科技人才的需求也随之产生。高校肩负着为社会和经济发展服务的重大任务，为信息时代培养合格的人才，必须建立与之相适应的学科。当今世界，大数据与人工智能正在推动着人类社会向智能化发展。过去信息化时代，传统工业通过信息化改造和升级；经过数十年的发展，信息采集、传输、存储、处理等领域的发展已有了长足的进步。人工智能是一种高度融合的技术，在新的技术和工业转型中，它正在深刻地影响着各行各业的发展和变化。

在智能时代到来的今天，产业将会有一个巨大的变革，产业结构也会随之改变，各个产业也会朝着智能化的方向发展。无论是工业的智能化，还是社会各方面的智能发展，都将带来对人才需求的变化。高校要适应时代和社会的发展不断地适应和变革。随着信息化时代的到来，高校面临着新的发展和新的跨学科发展的新形势。

在人工智能为各行各业赋能的前提下，部分高校提出了"人工智能＋"学科建设的交叉融合模式：立足于其自身的学科内涵，以其学科优势为依托，以其计算机科学与技术学科为依托，夯实人工智能领域学科的底蕴基础；同时，按照学校社会经济、产业发展的重点领域方向布局，依托学校相关领域优势学科发展建设行业领域智能化新学科方向，实现人工智能学科建设与其他领域学科建设的共融共生、相互助力、协同发展。

一些大学在因特网和大数据等方面具有很强的专业实力。其课程以其人工智能的优势为依托，对人工智能相关学科进行了深入的研究；将人工智能与其他领域交叉结合，推动了学科的创新，提高了人工智能的应用。

在我国的大学中，计算机科学与技术是我国高校重点发展的重点学科之一，而计算机智能是我国通信学科发展的主要内容。为了适应工业发展中的云计算、大数据、智能化等新技术，我们可以将其作为一个重要的研究方向。以智能大数据智能计算示范基地、智能大数据协同创新中心为核心，统筹安排、调度各协同

体组成单位的创新要素，搭建学科平台，组建学科方向团队，承担国家重大科研项目，紧密围绕大数据智能计算的基础理论和关键技术开展科学研究和人才培养。在此基础上，开展了基于粒认知计算的基础理论、智能与人机混合智能、智能自动化与智能决策等基础理论研究，以及这些理论在智能安全、智能工厂、智能健康、智能生态环境、智能通信、智能制造、智能社会治理等行业领域的应用研究。推动跨行业的数据集成和创新，探讨基于数据的新的商业模式和经营方式，促进我国的信息产业向高端化、集约化、服务化方向发展。

在工业领域中构建一个多学科交叉的人工智能方向，一方面能够满足其对行业的赋能，另一方面也能够为该领域的研究寻找新的发展方向。本书从智能通信专业的方向出发论述了"人工智能+"在工业领域中的应用与探索。

首先，要在人工智能+信息通信工程的基础上进一步拓展机器学习、计算机视觉、虚拟现实、自然语言处理、智能多媒体信息处理、人机交互识别、智能网络等关键技术，在信息高效获取、信息传递和数据处理等领域，实现人工智能技术与互联网、大数据、云计算、物联网等技术的融合和应用，形成以智能化为特色的一流信息与通信工程学科专业（群）、交叉融合人工智能技术的信息与通信工程学学科专业（组）、交叉集成人工智能技术的新闻与通信工程课程专业群、交叉融合人工技术的信息和通信工程学科方向。

围绕人工智能、云计算、因特网、大数据等领域的基础理论、关键共性技术、公共支撑平台等领域的需要，进行跨学科的交叉研究，建立产、学、研结合的激励机制，推动科技成果的转化和应用。以大数据、人工智能、云计算、物联网络为契机，建立与计算机科学紧密联系的智能云计算的基础研究与研究平台。

以"人工智能＋"为核心，不断健全"人工智能＋"专业人才培养机制；加强学科交叉，加强科教结合，加强校企合作，加强实践教学，面向世界智力发展的前沿，推动人才培养方式的创新；加快科技成果、资源向教学、科研等方面的转化，在"人工智能＋"的基础上开发一批"人工智能＋"专业教材，建设"虚拟仿真"教学中心和校企联合培养平台，培养复合型、创新型、应用型人才，为我国经济发展提供强大的智力支持。

人工智能赋能通信行业要培养出针对通信业的人才需要执行"三个面向"方针，即面向世界科技前沿、面向国家重大需求、面向国家经济发展的重要阵地，对人才做好分类培养。针对人工智能人才培养定位和目标不明确、校企供需对接不够、学校招生需求与就业脱节等问题，首先应面向不同需求做好精确分类，例如，应该把学术和职业教育区分开来。在研究生层次上，要建立"创新型"和"技术型"、"专业型"和"量身定做"的"双层次"。在职业教育方面，应充分利用高职院校在职业教育方面的优势，特别是要与新颁布的人工智能专业技能和技能规范相结合。此外，人工智能教育培训市场目前存在一定的泡沫，社会化培训需要进一步规范，培养人才的初衷不能变。面向成人的教育，可以以技能培训为目标，并与职业资格考试结合。将高等教育人工智能人才培养划分为三个层次：一是研究人才培养，主要做核心算法、核心理念创新的工作，还有产业研发等；二是应用型人才培养，主要是把人工智能算法和具体产业相结合落地，使用现有人工智能工具，根据场景解决具体问题，做到规模化、产业化；三是人工智能人才基础素养培养。①

---

① 王国胤,瞿中,赵显莲.交叉融合的"人工智能＋"学科建设探索与实践[J].计算机科学,2020,47(4):1-5.

第二节　加强法制建设

科学技术创新扩大了法律的覆盖面。科学技术的发展使科学技术法的法制范围日益扩展。科学技术的创新成果应用于生产、生活等领域必然会产生新的社会关系，而法律问题也会随之产生。以《中华人民共和国专利法》为例，国家对科学技术领域内的新秩序和关系进行法律干预，科学技术的发展促进了法律体系的完善。

科学技术创新是一种具有高度生产力的创造性社会行为，只有在法律的框架下，科学和技术创新才能得到健康、有序的发展。现代科学技术的发展牵扯到了许多复杂的社会关系，利益关系错综复杂，利益矛盾与冲突交织在一起，需要通过立法加以调节。在人工智能技术迅猛发展的今天，现有的相关的法律制度也在面临着新的挑战，因此，必须建立健全相关的法制体系，构建人工智能法律制度。构建人工智能法律体系的目的是降低人工智能对社会的风险，从而为人工智能的发展创造一个最安全的法治环境。由于人工智能涉及的领域太多，对法官的工作要求也越来越高，建立人工智能法庭、专业审批团队、人工智能司法应用、人工智能诉讼、人工智能司法公正等是非常有必要的。

近年来，信息通信领域法制建设取得新成绩。5G 新基建推动了数字化转型，通信基础设施的建设对于经济社会的数字化、网络化、智能化的转型至关重要。在通信领域的建设、维护、协调、沟通等方面，多地政府部门积极征求、采纳通信行业意见，为依法行政、依法行使行政审批职权提供科学专业的决策。随着 5G 新基建的加速推进，信息通信领域法制建设面临新课题和新挑战。《中华人民共和国电信法》《中华人民共和国数据安全法》《关键信息基础设施安全保护条例》《中华人民共和国个人信息保护法》等关乎 5G 新基建健康发展的关键法律体系有待建立健全。为此，我们要结合人工智能与通信工程产业搞好法制建设。[①]

一、法制管理的优化

人工智能因为可以模拟人类，可以自主思考，可以自主行事，因此，它会对现有的一些法律产生冲击。因此，首先应对人工智能大数据采集、使用和分析的行为进行规范，尤其是涉及个人资料的，必须严防死守，保证个人资料的安全。同时，在新出现的自动驾驶技术等领域，明确设计、生产、经营、使用各主体的法律责任，明确因人工智能引发的法律纠纷，明确各主体的法律责任，能精准定位各方责任，便于案件处置。另外，要加强对软件开发人员的科学管理，尤其是软件开发人员，要做到以人为本，严格遵循社会伦理，严禁使用非法的方法进行人工智能开发。对销售、使用人工智能进行限制，销售人员实施人工智能产品验收，并有产品合格证明、质量认证标志。使用人工智能的人要合理使用，不要损害别人的合法权益，并在相关的法规中规定使用的条件和标准。如果是由于人工智能导致的侵权，则必须建立一个明确的责任分配机制。如果是开发商的过失，那就得由开发商来负责，因为他们的认知能力导致了软件的损坏，那么开发商也要负责。而销售、使用人员有过失时，也应负相应的法律责任。其次要对由人工智能制作的作品不考虑价值、用途等，加以版权保护。机器人制造出来的产品虽然有版权，但却不能像人类一样拥有自己的版权，它的版权归机器人发明人所有，因为它并不是"人"，而是通过算法和数据来实现的，它是人类的作品，它的设计需要

---

① 汪婧 . 发展人工智能须把好法律关 [J]. 人民论坛 ,2018(29):100–101.

考虑到设计者的作用，所以它不能被认为是版权人。因此，在确定了不同的人工智能主体后，可以明确法律责任，防止滥用人工智能进行违法活动，这有利于促进人工智能技术的普及和应用。

随着人工智能时代的到来，社会关系也随之发生了变化。法律和道德是一种通过各种途径和机制作用于社会生活的方方面面的手段。在人类社会中，伦理道德也可以作为一种引导，以适应人工智能在社会交往中的调整。由于法律规范是由"生"和"死"而产生的，而"生"和"死"的立法过程极其复杂，不可避免地会有延迟。美国和日本等国家已经开始对人工智能进行伦理学研究，而国外的一些公司则加强了人工智能领域的道德规范，强调了科学家对社会的责任，引导了人工智能的合理发展。所以，在运用法律手段对人工智能进行规范的过程中，必须充分重视其在人工智能领域的功能，并为其制定出相应的伦理标准，制定道德规范和准则标准，以伦理标准对科研人员进行制约，使其成为法律执行的法源，实现道德法律化。因此，在人工智能时代，注重法律与伦理的统一，这将是一个促进人工智能发展的重要因素。

由于技术发展滞后，政府单向监管难以有效控制风险，缺乏有效的监管方法与机制，造成个人隐私保护、就业格局冲击、公共安全风险等诸多问题。美国、英国、日本以及欧盟等在全球人工智能发展战略中均将政府治理纳入其中，因此，我们迫切需要在世界范围内加强对人工智能的控制。美国信息学家詹姆斯·瓦尔德提出了伦理、科技、法律三个层面的管理机制，在创新与精准的管理中进行权衡。他倡导多元化管理，明确各方面的职责，让 AI 公司俯首，增强公司的自主权，加强各国之间的施政对话[①]，

---

① 政府、政策制定者和其他相关方之间就某个政策或政策领域进行的讨论，旨在达成共识或解决争议，以更好地理解各方的需求和利益，并制定更为透明和民主的政策。

制定国际准则。在国家的大力支持下，人工智能技术得以开发，并且快速地发展，从业人数逐渐增多，亟须对从事人工智能技术的行业人员设立监管措施，要充分认识对这些从业人员监管的重要性。人工智能技术未来将会大量地使用互联网，再以大数据为基础，生成大量的智能连接和海量数据。如果掌握这些技术的企业和公司没有具体的监管措施进行约束，就会使某些不法人员有机可乘，达到个人不可告人的目的。因此就人工智能技术未来的发展、管理缺失、存在的隐患等问题提出建议，建议如下：

从从业者的角度提出对智能技术未来发展问题的保护措施。在人工智能技术未来的发展上来说，应当提升行业内的道德价值观念和法律意识，制定具体的行为标准，在必要情况下设立人员进行专门管理。要分别从高层、中层、基层入手，高层是决定人工智能技术未来发展方向、提出原则性意见的部门，其决定的发展方向和提出的原则性意见必须合法，且符合道德标准。中层的管理者则是对高层的决策实施的机构，决策具体要怎样实施是非常关键的。因此合法是具体实施的必备指标，且不容更改。基层是智能监督管理的最后一步。把握关键的最后一步至关重要，一个代码程序的错误可能会导致智能行为发生失误且"性格"发生小小的变化，这种变化慢慢堆积，就会发生无法预料到的危险。所以应该对不同行业有针对性地开展普及法制教育，以此保护人工智能技术的安全发展。如无人驾驶汽车应着重向制造者普及交通法规知识，或者应向网络应用的开发者普及合理保护用户隐私的知识。在人工智能管理缺失的问题上，要将普及法律知识与传统手段相结合，对智能应用的社会具体行为制定监督措施。首先，通过打好设备网络和数据的基础，建立全国性的监督平台。其次，以领域的不同为根据，制定符合领域特点的监督方式，并依据法制的原则制造出一种可以进行智能的模式，快速地发现企业或者

个人在开发过程中的任何违法行为，及时发现用户在使用产品时发生的安全风险和产品存在的缺陷，进而形成这类问题智能处置机制。对在具体使用过程中发生问题的个人、企业、研发者自动发出警告，并通过数据进行分析得出问题是否已经解决，以及在规定的期限内有没有解决完成的和根本没完成的，将采取切断网络或电源的强制性措施对问题进行解决。尽管如此，在智能监督下也不能放弃传统的监督方式，因为不能保证被监督者会使用人工智能进行对抗。传统方式的监督措施将是弥补漏洞的最后手段。

智能技术是具有控制性的，这种控制性会给我们的生活带来便利，也会带来危害。涉密机构、金融机构、高科技部门企业和水电部门，以及警方、军方等具备高安全性的行业和部门需要提高警惕。避免不法分子利用人工智能使关乎民生的停水、停电现象发生，造成民众恐慌，却无法进行制止，这是谁都不想看到的现象。因此，建议与人工智能进行物理隔绝，且此物理隔绝并非彻底不再使用人工智能技术，而是与互联网技术进行隔绝。因为很难想象人工智能技术的发展将会达到怎样的智能程度，其可能仅通过一根网线或 Wi-Fi 信号就可以对完整的系统进行控制，并与互联网相连，造成危机出现。所以开发和使用人工智能的同时需要保留手动可以操作的系统，而非全权依赖人工智能，且手动要与自动完全隔绝，防止自动与手动操作时发生冲突，这样当危机产生时还可以有挽救的方法。人工智能的发展之快速，应当对其提起警惕，对人工智能行业进行预防性地监督管理，防止可控的事情发生不可控的后果。

近年来，人工智能快速发展，大众的接受程度普遍提高。随着智能技术的运用和普及，智能技术被应用到生活和工作的多个方面。但在具体使用过程中不难看出人工智能及其技术的应用在带给大众生活便利的同时也存在着一定的不安全性和风险，需要引起智能技术的应用可能带给大众身体、财产、精神等方面危害及影响的重视。在人工智能技术与互联网和生活高度融合的今天，应对大众在使用人工智能技术时导致的危害行为和后果进行分析，并及时出台保护手段、政策、措施。应当在保障大众不受到伤害的前提下，合理使用人工智能技术来推动社会发展，要使人工智能成为能够安全帮助大众的工具，而非问题频升却无法治理的漏洞。

目前，我国对人工智能管理尚处在摸索的初级阶段，正朝着可信评估、操作指南、政策法规等方面发展。2017 年，我国公布了《新一代人工智能发展规划》。从知识产权、标准、科学普及等方面提出了促进人工智能发展的若干措施。但因人工智能存在算法不透明、无法解释、跨国传播、外溢等，对其的研究范围更广、困难更大，问题更突出。具体问题如下：

（1）监管体系滞后于技术发展。法律具有稳定性、普遍性、相对滞后等特征，而随着人工智能技术的快速发展，其效果具有极大的不确定性，同时也存在着更高的准确性、有效性和即时性等问题，难以有效地消除风险。

（2）政府的单向监管无法有效管控风险。由于人工智能在现实生活中的应用环境是极其复杂和不断变化的，社会各方的利益需求日益分散，因此，传统的"自上而下"的单向思维很难对各类管理问题进行精细、灵活的监管，因此，要不断地创新和优化管理方式。

（3）企业缺乏有效的合规治理工具和体系。目前，大部分企业都把人工智能的风险控制看作是一种附加的合规费用，缺少具体的法律法规，也没有明确的处罚手段。虽然大部分企业很自律，但也存在行业鱼目混杂，个别案例导致负面舆论，引发公众和监管部门对人工智能等新技术发展应用过度的担忧与顾虑。

（4）全球人工智能竞争延伸到规则制定。在西方发达国家，人们对人工智能的管理标准进行了大量的探讨，并逐步形成了一种共识。一些发达国家的学者经常将其归咎于我们的面部识别技术。美国在"实体清单"中列出了中国几家领先的人工智能公司，并对其进行了相应的处罚。这显示提高我国人工智能在全球范围内的影响力成为一个亟待解决的问题。

为此我们应该采取如下措施：

（1）实施伦理、科技、法制三大治理机制，实现创新发展和精确治理。一是以道德准则为导向，实施人工智能的道德准则，通过事先确定的方法，使科技健康发展。二是通过技术手段、标准制定等来解决技术发展中遇到的问题。三是用法律、法规明确责任，以达到"敏捷治理"的目的。

（2）提倡多元共治，厘清各方责任。建立一个由政府、企业、行业组织、科研机构、媒体、公民等利益相关者组成的多元治理长效机制；在 AI 技术的应用上，明确终端厂商、分销商、应用开发者、用户等参与主体之间的权利和义务，以保证责任的可追踪性；政府、企业应当加大宣传力度，宣传人工智能，引导舆论导向。

（3）人工智能企业躬身入局[1]，加强企业自治。鼓励公司积极承担技术创新的责任，加强公司内部治理与合规管理，加强员工的职业道德教育，提升数据安全技术水平。可以采取先进的案例评选等形式，对可复制的公司治理经验和管理模式进行总结，并通过恰当的途径进行宣传和推广。设立人脸识别等敏感区域的准入资格。

---

[1] 一个人积极主动地加入某个事业、领域或组织，并表现出努力和奋斗的态度，以达成个人或共同的目标。

（4）加强国际治理对话和国际标准布局。积极参与全球治理与标准的探讨，并邀请相关组织参与 G20[①] 的国际标准及管理规范，促进各国政府与企业间的双向交流，提升国内 AI 产业在国际上的影响力与话语能力，推动人工智能领域的国际治理与规范。

未来，人工智能将更加智能化、人性化、经济化。人工智能已经在各行各业中得到了广泛的应用，各行各业都在利用它来实现最大价值。与此同时，为了防止在使用人工智能技术的过程中出现安全隐患，一些科技公司和研究机构充分利用自己的优势，主动地提出问题，并采取改进措施，优化法制管理，为人工智能技术在通信领域的应用带来了很好的发展。[②]

二、安全防护水平的法制建设

人工智能技术是从 20 世纪 50 年代开始出现的，经过 60 多年的发展进入了它的第三个巅峰，这一次的巅峰被称为人工智能，因为它的计算、算法、数据等技术的发展，为发展人工智能技术打下了良好的基础。

首先，GPU（图形处理器）处理器、云计算等技术在我国的广泛应用为未来的发展打下了良好的基础。其次，随着机器学习等人工智能技术的不断突破，"煤矿"数据的大量涌现，人工智能也随之获得了巨大的发展。

人工智能技术及其应用正迅速地渗透到人类的日常生活，各国都在努力制定符合自身发展规律的法规，比如 2016 年 10 月，欧盟通过《欧盟机器人民事法律规则》，对欧洲民法典中有关人工

---

① 20 个经济体组成的国际合作机制。（包括欧盟和 19 个国家）
② 王先进 . 关于构建高效灵活的人工智能治理体系的提案 [J]. 中国科技产业 ,2021(4):11.

智能的民事法律问题进行了全面的研究，为其提供有针对性的指引。

美国 23 个州共通过 40 多项无人驾驶车辆法，而在联邦一级，无人驾驶法的立法工作也在进行中。毫无疑问，各国在制定人工智能的政策时都会提到要尽快制定相关的法规，而许多国家也确实将其列入了立法日程。

目前，世界上很多国家都在大力推动人工智能立法，这是因为两方面的原因：

一方面，随着第四次工业革命的到来，所有国家都想要在法律上占据上风，让自己的法律在世界上占据主导地位。另一方面，人工智能带来的社会风险包括人工智能的透明度和可解释性、人工智能领域的隐私保护、人工智能系统安全、人工智能对人类的危害和责任分配、人工智能对人类的工作产生的负面影响等。

在面临上述风险时，制定符合我国现阶段发展的法律法规非常重要。

我们认为，今天的人工智能算法和系统都有一个特点：它们可以根据外部的输入，自动地找到相应的实现方式，并将其输出出来。

比如，用视觉神经网络来识别"猫"，就必须把"猫"的照片录入到 AI 图像识别系统中，系统就会自动学习"猫"的特性，从而获得"猫"的识别能力（见图 5-1），但这种依靠视觉识别的特性并不具备人类的认知意义，所以它的判断过程和原理很难被人理解。

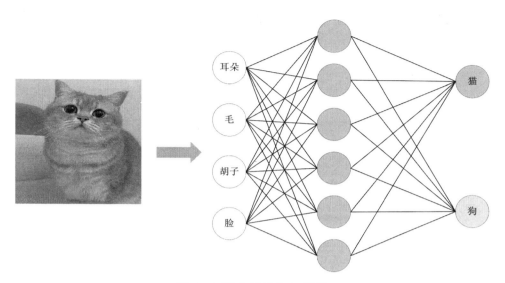

图 5-1 图神经网络识别猫

　　人工智能的应用非常复杂，其主要原因在于它能够嵌入到各种应用场景和解决方案中；此外，没有人能够将人工智能和人类智能区分开来，比如人工智能研究人员开发出的海量数据处理技术，现在已经被称为大数据技术。当一个问题还没有得到解答时，通常可以使用人工智能来解决这个问题。

　　从人工智能技术的特征出发，针对不同的应用类型，提出制定有针对性的法治管理计划是非常有实际意义的。值得指出的是，目前人工智能的主要应用有两个方面：

　　（1）在算法和系统层次上的应用，也就是诸如图像识别、声音识别、用户肖像、智能投顾等特定人工智能算法与软件。

　　（2）机器人、自动驾驶汽车、无人机、智能硬件等硬件及基础架构的应用。随着智能硬件的大量协作，最终形成了一种可以构建特殊工业网络的网络，并将其作为基础设施的一部分。

　　综合以上分析，基于人工智能的算法和系统特性以及基于应用场景的需要，可以将人工智能归结为以下层次：

　　首先，从系统安全的角度来看，物联网的互联互通、系统漏洞、基础安全技术的缺乏、供给链的复杂性，都对系统安全的管理提出了挑战。

其次，算法的透明性和可解释性，使得人工智能在学习与决策过程中处于"自动化"状态；人的认知能力不足，以及海量的机器学习数据存在不确定性，使得算法的决策和决策规则存在不确定性。

在资料利用与隐私权方面，原资料的利用与保护等方面都出现了问题，例如，在物联网中，海量的使用者资料在不同的装置与系统间被分享，若要取得使用者的认可，则会耗费大量的时间，而且无实际可操作性。与此同时，也引发了对数据采集和利用新规则的探讨，例如，如何收集机器学习训练的资料，是否能够突破保密资料的最低限度收集和使用必要性[①] 等。

除了传统的安全风险，由于人工智能自身的应用特性，使得其在多个层面上的管理变得更加困难。通过人工智能在智能硬件、智能网联车辆、物联网等方面的应用，对智能系统的安全及管理问题进行了深入的探讨。

（一）智能硬件系统安全

近几年，智能硬件行业发展迅速，各种智能硬件产品被广泛地运用，但由于还处在起步阶段，安全问题被忽略。从整体上看，智能硬件安全包括四个方面：接入技术、固件安全、移动客户端安全、云计算平台安全。

（1）在接入技术方面，由于智能硬件体积小、资源有限，密码算法的设定和选取都要考虑到功耗问题，这就造成了目前市面上一些智能硬件的加密方法不够安全。

---

① 在特定的情况下，使用某种产品、技术或措施是必要的，并且不能被替代或避免。

（2）在固件安全性上，固件安全代码存在着较大的隐蔽性、不易检测、不易剔除等特点，使得某些固件不能及时更新和升级，从而造成了系统漏洞无法修复而不得不进行替换。

（3）在移动客户端的安全上，因为有了手机 App，所以移动客户端的防御力比较弱，有很多种可以攻击的方式。

（4）在云计算平台的安全性上，则是基于网络的传统风险。

针对多个智能硬件的系统风险，首先，必须保证硬件的接入、访问控制、加密传输、补丁更新等基础信息的安全性。其次，在立法上，应该把智能硬件引入通信网络的法律法规中。

（二）智能网联汽车系统安全

智能网联车辆的系统安全性关系到人的生命安全，是一个复杂的问题。信息和控制是智能汽车技术的核心，它是指通过对信息的感知、预警和控制来实现对车辆的智能控制，从而实现对车辆的自动驾驶。

所以，网络的攻击、入侵、干扰、破坏都需要通过信息和控制的各个环节来完成，包括车内、移动终端、联网服务平台、通信系统等，但车辆的安全性和内部系统的安全性比较复杂，与智能硬件的安全性相似，在此不多做赘述。

安全评估、安全防护和检测是智能网联车辆安全管理的核心内容。按照《国家车联网产业标准体系建设指南》的要求，车辆网络信息安全标准的核心是保证车辆的安全、稳定和可靠运行，从整车、系统、关键节点、车辆与车载系统通信、数据、软硬件安全，以及车辆与外界接口等方面提出风险评估、安全防护与测试评价要求，防止对车辆的攻击、侵入、干扰、破坏和非法使用以及意外事故。

同时，由于汽车联网产业链较长，保护环节较多，因此，在安全事故责任上，各个供应商都有一系列的问题：是否仅将整车企业作为主要的安全责任主体，以及供应链和供应链企业之间的安全事故责任的确定。在信息技术运用于通信网络的安全法制管理中，责任问题是一个重要而又需要界定的问题。

（三）物联网系统安全

物联网是一种无所不在的网络，它是一种通过采集、加工、分析、监控实体环境的网络，在工业、农业、能源、物流等领域得到了广泛应用。

《新一代人工智能发展规划》明确提出，要发展智能经济，金融等领域的智能升级要把物联网作为支撑。

基于智能硬件，通过对智能网联汽车等软硬件系统进行安全管理，建立以物联网为基础的整体安全体系、管理体系。

首先，由于软件和硬件的异质性和复杂性以及缺乏安全设计和安全缺省① 的不足，使得物联网的安全问题难以保证。比如，缺乏智能化的硬件，使得其管理、控制和安全保护变得更加困难。

其次，作为网络和硬件的有机结合，物联网系统安全的影响更大，因此，必须从安全评估和风险评估、安全防范、应急响应三个方面入手，以提高网络基础设施、重要系统和重要信息的安全防护能力。

（四）人工智能系统的技术与制度风险

本书分析了智能硬件、智能网联汽车、物联网等领域的安全问题，归纳出智能硬件、智能网联汽车、物联网等领域的共性和

---

① 在产品设计和制造的过程中，将安全设置为默认状态，并确保用户在使用产品时不需要进行额外的安全配置或操作。

治理重点，主要有以下方面：

（1）安全保障技术有待完善。由于缺乏加密技术、采用默认密码等技术手段，使得大量用户的个人信息暴露在外，很容易被黑客侵入。同时，在通信、系统和硬件等方面，也需要加强对认证、访问和关键节点的安全技术的保护。在网络建设初期，物联网的各个环节都要考虑到安全性的设计和预设，使整个物联网的整个生命周期都要有一个完整的技术保障。

（2）系统结构的复杂性使得关联风险的高密度增大。从智能硬件到智能网联汽车，许多 AI 硬件应用都是"一端一云一管"，即智能硬件（智能互联汽车）、移动应用终端（即移动应用软件）、云端（用于用户账户的管理与发行平台），以及运营商之间的信息传送渠道，这些都是通过运营商提供的。

（3）供给链错综复杂，造成了企业的安全责任归责困境。就拿智能网联车辆来说，如果因为硬件缺陷使系统易受攻击而导致安全事故，应当由汽车制造商还是软件服务提供商来承担责任呢？从物联网的观点来看，当一个网络遭到黑客攻击时，是由运营商承担还是由硬件制造商来承担责任，既要考虑到利益和义务的一致性，又为了保证硬件制造商们有充足的法律压力，因此，要认真地讨论和衡量通信网络的法律责任。

（4）急需制定技术规范和评价方案。目前，我国在人工智能方面已制定了无人机、智能网联车辆、物联网技术规范等。技术标准是一种软性的规章，它可以为市场提供统一的技术指引，同时也可以通过认证和评估系统来保证基础的安全技术得到标准和规范的保护。另外，由于人工智能的应用种类繁多，要根据其应用情况和应用的重要性制定出相应的技术标准和评估方案，解决因应用而产生的各种安全风险和保障需求差异化的问题。

除了这些措施之外，我们的调研还强调了采取特定的风险缓

解措施来帮助取得更优成果。人工智能相关的风险是企业面临的严峻问题。我们通过调研发现，人工智能决策缺乏可解释性和透明性，同时数据管理不善也可能涉及数据隐私问题，以及对人工智能系统的安全担忧等都是影响企业的伦理道德风险。高可信人工智能的实现最终取决于实施严格的流程以及合理的制约与平衡。因此，若企业采用符合高可信人工智能原则的道德人工智能框架，它们通常能够实现更优成果。在调研的所有归因中，高成果企业的受访者倾向于认为拥有更多这样的运营流程有助于增强对企业人工智能解决方案符合道德与质量标准的信心。管理这些风险会对企业的人工智能工作产生重大影响。事实上，50%的受访者提出人工智能相关风险管理是扩大人工智能项目规模的最大障碍之一。尽管如此，也有33%的受访者将人工智能风险管理纳入企业整体的风险管理范畴。

总的来说，受访企业严重依赖培训，将其作为缓解人工智能风险的关键。它们最常用的两大风险缓释策略分别为：培训人工智能开发人员识别和解决人工智能道德问题（35%）以及培训/支持员工与人工智能建立积极有效的关系（34%）。但培训在现实中是否真的如此重要？从受访者对本次其他调研问题的回答中可以看到，人工智能相关培训还没有达到成功转型和风险缓解所需的普及程度。

第六章

通信人工智能展望

第一节　通信人工智能的下一个十年展望

一、国际通信标准 B5G 到 6G 发展路线展望

在 5G 大规模商业应用的今天，6G 技术已成为新一轮技术争夺战的焦点。从 2019 年 11 月开始，我国开始实施 6G 技术专项研究项目，并组建了 6G 技术研发领导小组和专家小组，标志着 6G 技术的研发工作正式启动。美国也提出了卫星 + 太赫兹 =6G 的构想。日本已经制定了 6G 技术的发展路线，即在 2024 年实现 5G 网络覆盖 98%，为 6G 打下坚实的基础。韩国想要在 2028 年实现 6G，以保证韩国是第一个实现 6G 商用的国家。[①] 由此看出手机行业新一轮的竞争已全面展开。

从 2018 年起，欧洲发达国家和美国、日本等国家，以及我国就已经开始了 6G 的预研工作，比如由诺基亚（Nokia）牵头的欧盟（Hexa-X），美国企业（高通）、微软（微软）、脸书（Facebook）等公司共同组建了 Next G Alliance，致力于 6G 技术的研发。国家工业和信息化部将 IMT-2020 推进小组扩大至 IMT-2030。

国际电信联盟（ITU）还推出了 6G 网络工作组 2030。2020 年 2 月 19 日，在瑞士日内瓦，国际电信联盟第 34 届 5D 工作小组（ITU-RWP5D）就 6G 研究进度、未来技术趋势研究报告、未来技术远景建议等问题进行了探讨。

---

① 李琴，李唯源，孙晓文，等 .6G 网络智能内生的思考 [J]. 电信科学 ,2021,37(9):20-29.

而对于 B5G/6G 的发展路径，目前通信标准化机构正在制定之中。根据白皮书，3GPP 和 ITU6G 标准的工作路线，也就是 3GPPR17-R18 标准的标准化，是 6G 技术发展的方向和远景。[①]2023—2027 年，6G 频谱、性能的研究是 3GPPR19-R20 的标准化阶段；2028—2029 年，将 3GPPR21 标准化，这是国家将 6G 的评估报告提交给 ITU 的一项工作。

3GPP 有望于 2025 年启动 6G 标准；最早于 2026 年开启 R20 标准化窗口，负责 6G 技术规范的制定；有望在 2029—2030 年的 3GPPR22 标准化阶段，将 3GPP6G 标准递交给 ITU。B5G/6G 有望在移动宽带、固定无线访问、工业物联网、汽车网络、虚拟现实、大型机械通信、无人驾驶、卫星访问等领域研发更高频率的标准，例如 52.6-71 吉赫兹、太赫兹。同时，6G 通信标准将从地面延伸到卫星、海底、地下，真正实现海洋、陆地、天空三位一体的通信。在工业物联等垂直产业领域，如蜂窝窄带物联网络、中档终端的可穿戴和视频监控、接入回传集成演进、5G 直传空口及其演进功能、5G 非许可频段空口、定位增强、智能自组织网络、通信传感集成及其演进功能、网络拓扑增强功能等标准研究工作也将继续进行并且成熟。[②]

与此同时，ITU 还开始了对 2030 年 6G 的研究，预计在 2023 年内完成 6G 系统的总体目标、应用场景、系统性能等。

6G 具有超链接、高速率和高可靠性、低延时、宽覆盖、智能等特点。紫金山实验室是我国最早开展 6G 技术的研究机构，拥有近 200 名专家团队，致力于 6G 技术的开发。我们对 6G 的发展前

① 张小飞, 徐大专 .6G 移动通信系统：需求、挑战和关键技术 [J]. 新疆师范大学学报（哲学社会科学版）,2020,41(2):122-133+2.
② 刘光毅, 邓娟, 郑青碧, 等 .6G 智慧内生：技术挑战、架构和关键特征 [J]. 移动通信,2021,45(4):68-78.

景做了展望，即全覆盖、全频谱、全应用、强安全。

目前 4G、5G 的全球覆盖率还不到 7%，全球还有 93% 的地方无信号覆盖，通过卫星和陆地的结合（星地合一），它能覆盖一望无垠的戈壁滩和荒凉的山林。事实上，可以通过地面的网络来解决容量问题，通过卫星来实现覆盖。[1]

从 1G 到 5G，使用的是更多、更快的数字信息，因此使用的电磁波频率也在不断提高。到了 6G，将会在低频段、超低频段的基础上进一步向毫米波、太赫兹、可见光等方向发展。按照当前的计算，在毫米波频段上，它的移动速度可以提高 100 倍，甚至可以达到 1 太比特 / 秒。在 6G 以上的波段，全频是很正常的事情。

5G 是一个全方位的应用，6G 会带来更多的场景，例如数字孪生将现实的世界复制到数字世界中，通过数字城市、社区、数字物体，通过人工智能等技术进行设计、规划、计算，让我们不必为选择而苦恼。

这种远程的全息无人驾驶系统可以和数千公里外的人进行交流，而不是通过屏幕上的大脸，这是通过虚拟的 3D 投影来进行交互。这些应用要求更高的传输速率和更大的时延。与 4G 时代的信号基地台不同，5G 时代对信号的传送有特别要求，即天线阵。将数十、数百个天线和晶片集成到平板中，能够稳定、安全地传输 5G 高频信号，并且信号稳定、干扰低。[2]6G 通信对这样的大型天线阵的需求就更大了。紫金山实验室在不断的摸索中，研制出了世界上第一个以互补金属氧化物半导体（CMOS）工艺为基础、

① 杜建凤,宋俊德.蜂窝移动通信网络的智能优化方法研究 [J].北京邮电大学学报,2001(2):92–96.
② 赵巍,张智森,肖佳康,等.基于人工智能的5G通信网络运维规划方法 [J].长江信息通信,2022,35(3):219–222.

阵元数量达到 10 000 个的高集成毫米波相控阵列，从而有效地解决了 6G 在未来大规模商业化中遇到的一些瓶颈问题。此外，该设备从芯片到阵列的完全自主控制，为 5G/6G 的持续发展打下了坚实的基础。

当前，我们要大力推动全场景 5G 的大规模商业，既要保证覆盖，又要充分发挥 5G 的大连接、低延迟和高可靠的基础传送能力，支持汽车联网、工业互联网等垂直领域的广泛应用；同时，在冬奥会、特殊行业开展典型应用和示范，推进 5G 技术的发展，为 5G 的发展奠定良好的基础。

二、通信人工智能在通信网络基础设施的未来展望

本书从无线接入网、核心网、传输网、终端四个方面对人工智能在未来十年的发展前景进行了展望。

1. 无线接入网

在无线接入网络中，3GPP 对 SON 的应用方案进行了明确的界定，同时，在工业领域中也有了一定的应用，SON 技术将进一步加快 B5G 接入网络的发展。神经网络、强化学习等算法也将逐步取代遗传算法、进化算法、多目标优化算法等，以促进 SON 的自我优化与自我修复。3GPPSA5 和 RAN3 还分别设置了对 5G 的研究和专注于 LTE 和 NR 技术下，优化和改进无线通信网络性能的项目两项研究项目在继承上一代 SON 的情况下，3GPP 在 SON 上的下一步措施就是要尽早地确定 SON 与第五代移动通信网络中的无线接入技术（NR）、5GC（第五代核心网）、OAM（运营、管理和维护）、4G 等通信系统之间的接口和信令，以最快的速度融

入 5G 的网络架构中。[①] 与此同时，3GPPRAN3 正在考察 SON 是否可以独立地作为 RAN 逻辑实体或者功能。如果 SON 能作为一个逻辑实体，它将会帮助 SON 完成无线端的统一数据采集和分析，并在无线端实现自配置参数、自优化性能、自修复 SON 三大功能。

5G 核心网侧 3GPP（第三代合作伙伴计划）定义 NWDAF（网络数据分析功能），欧盟 5G-MoNArch 项目还提出，可以考虑在无线端建立一个 RAN-DAF（无线接入网络的数据分析功能）的独立的人工智慧分析系统，用于分析和决定 5GNRCU（5G 新无线电控制单元）的控制单元（CU）界面。由于无线端的实时性要求，比如无线资源的调度管理等，所以无线端的智能分析要求实时或准实时，所以 AI 分析必须在当地进行，以确保实时和动态的性能最优。RAN-DAF 将成为无线接入网络中的一个人工智能和数据分析网络，具有采集和监测无线接入网络中用户设备（UE）和无线接入网络（RAN）的数据的能力，包含信道质量指标（CQI）、功率水平、路径损失、无线链路质量、无线资源使用率、调制和编码方案（MCS）、无线链路控制（RLC）等。

MoNArch 建议 RAN-DAF-RCA（RCA）-RCA（RCA）-RAN-DAF 与 RCA 一起确定无线终端质量，如弹性无线资源控制、切片可感知无线接入技术（RAT）选择、跨切片无线资源管理等。3GPP 没有 RCA 的相关功能，因此仅将 RAN-DAF 作为 SBA，并将其与核心网之间的跨域消息总线相连。[②] 当前，55G/MoNArchRAN-

---

① 余灿玲,陆安现.基于人工智能的 5G 无线网络智能规划和优化 [J].信息记录材料,
  2022,23(1):230-232.
② 梁志生,韩永涛,林翔.基于 Prophet 人工智能算法的网络潮汐效应预测研究 [J].电信工程
  技术与标准化,2021,34(9):60-68.

DAF 尚未形成一个规范的 3GPP 网络单位，未来，它是控制或管理 RAN，还是要负一些责任，目前还不得而知。

SON 到底有什么作用，目前还不清楚。推荐 RAN-DAF 或 SON 的独立逻辑虚拟函数，只需选择其中一项。

RAN 的无线接口控制器（RIC）将会继续开发和加强，尤其是为应用类型设计的智能战略，将帮助操作者在业务编组层次上按照应用的特点来组织业务。RIC 将会确定哪些应用，南向将使用第三方的 xApps 来管理相应的应用，而北向的应用程序则通过 WebAPI 与边缘应用程序服务器进行互动。RIC 的无线资源管理功能主要有：多个虚拟化无线接入网络架构（O-RAN）装置间数据共享、服务级别协议（SLA）保障无线切片、优化车辆／无人机／无人机无线资源优化、动态频谱共享、与边缘计算（MEC）整合等。在 O-RAN 定义的服务器模块（SMO）中，由于系统的功能和接口的不断完善，可以实现更多的 RIC 操作和非实时 RIC 功能。

2. 核心网

NWDAF 是其主干网络中的一个 AI 网元，它将会在网络性能优化、用户体验上得到更好改善，并且能够在一定范围内提供更多的自主和智能化的服务。NWDAF 能够充分地参与到围绕着核心网络的网络部件，例如其他的网络（NF）、应用功能（AF）以及运营、管理和维护（OAM）等，并对数据进行软获取，使得 NWDAF 能够全面、实时地参与到对核心网的控制中。例如，将 NWDAF 和网络切片选择功能（NSSF）、策略控制功能（PCF）结合起来，PCF 可以根据 NWDAF 的切片级别做出判断，NSSF 则可以通过 NWDAF 的负载分析来进行切片的选取。NWDAF 的一个新用例是 UE（用户设备）驱动的分析分享，该用例中有一个在 NWDAF 中，通过对 NWDAF 的用户位置和用户肖像进行分析，可以使 NWDAF 做出智能的网络切片决策。它的主要作用是收集 UE 层的信息，以及使用 UE 信息做分析，并将分析结果提供给其他 NF。NWDAF 的主要工作内容有：服务质量保障，业务处理、移动管理、策略决定、服务品质调节、5G 边界运算、NF 负载平衡、切片 SLA 保护、可预测的网络效能等。如果将来 NWDAF 能达到上述功能，5G 网络的智能化水平将会大大提高。NWDAF 的跨领域沟通也是非常有意义的。3GPPSA5 还在探讨 NWDAF 是怎样赋予 OAM 或者 RAN 分析能力的。同时，NWDAF 也将和 MEC 公司进行集成，利用 MEC（边缘计算）技术在垂直行业中的应用，为其他垂直领域的应用提供支撑。NWDAF（网络数据分析功能）是一个非常重要的网络安全问题，它将影响与 NWDAF 有关的功能，比如 NWDAF 能够对终端和网络中的各种异常进行监测，一旦发现异常，就会立即报告给 NF 和 OAM，并采取相应的防护措施。NWDAF 还可以在诸如 AI 算法模型等关键信息的传递方面与区块链等技术相结合，实现追溯和安全保护。

3.传输网

SDON/CON 将在未来十年内与人工智能紧密结合，逐步实现零接触，并实现对其的综合管理与控制。随着通信技术的不断发展，光纤网络中的业务知识图谱将逐渐趋于完善，可以快速发现通信问题，预测传输性能，优化传输参数。在调制阶、误差修正、波长容量等具体传输指标的基础上运用人工智能技术，使其达到最佳的传输效果。认知光网络的系统结构，如图 6-1 所示。

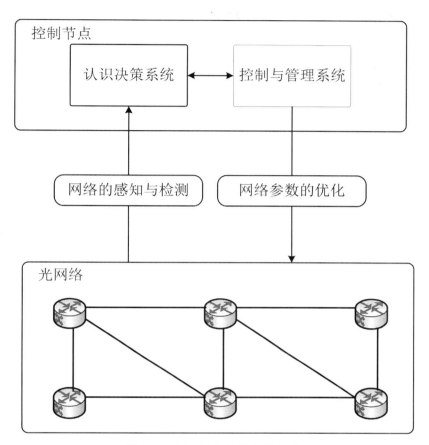

图 6-1 认知光网络的系统结构

随着 IPv6[①] 技术的不断完善，人工智能将在网络路由、承载网 SLA 保障、确定性网络等领域发挥关键作用，以及在满足 IPv6、IPv6+ 等智能 IP 网络中对 B5G/6G 业务的个性化需求。

在云网融合方面，云网络的边缘计算资源可以提供优质、无缝的计算资源，以满足高质量的、无缝的服务，为高级别的智能应用提供支撑。随着算力和移动云技术的发展，新的云计算业务将会诞生，这些业务将通过区块链的智能合约来实现，从而保证用户的隐私。

---

① IPv6：互联网协议的第六个版本。

此外，网络切片技术涉及无线、传输网、核心网等多个方面，因此，必须在各方面进行有效的协作。其中，传送网是连接各方面的物理基础，合理的组织和支持对切片 SLA 的保证起着关键作用，可以预见，在将来人工智能将会逐步走向成熟。

4. 终端

终端与网络基础结构之间的连接经由空中界面与无线网络相互作用。基于终端的智能技术，面向未来的网络架构，主要是针对终端及晶片的无线感知，即以智能技术为中心，以感知无线环境及内容，以获得最佳访问代价[1]、延迟等目的。智能终端的无线感知主要由频谱和接入感知三部分组成，其中一个终端能够探测到其他终端的动作，提高 5G 网络的存取与调度效率。内容感知，指从射频信号、传感器、业务行为等方面对用户的定位、速度、运动等进行推理和分析，从而达到对终端性能和使用体验的最优化。无线环境探测技术，利用探测信号的传播和反射，对特定位置、动作、目标进行探测，从而形成新的环境。[2]

终端智能技术对 5G 网络的进一步应用主要表现为：一是改善终端使用体验，智能波束成型及功率消耗控制，优化速率、鲁棒性及电池寿命，通过对位置、速率、其他环境和应用参数的了解，可以提高网络的健壮性[3]和速率。二是改善 5G 网络的性能，重点在于智能链路的自适应，利用无线定位技术可以改善系统的传输速率和频谱利用率，智能化网络负荷优化，智能终端智能推理，降低了对整个网络的原始数据的要求；智能的无缝移动性、终端

---

[1] 在选择网路路径或路由时，考虑多个因素（如延迟、带宽、可兼性）以确定最经济或最高效的访问方式。

[2] 刘江挺，何强. 面向车联网应用的智能边缘计算技术概述 [J]. 现代信息科技,2020,4(12):173-175.

[3] 指鲁棒性、安全性、弹性、可恢复性，意味着网络能够更好适应和应对不可预测的情况，并保持正常运行和提供可靠的服务。

的移动性以及终端的智能与感应器，能够更精确地预测网络的切换行为和时间。三是增强了网络的安全性，利用终端的智能技术，能够对基站的恶意欺诈、恶意干扰等进行实时的监测和防御。

三、通信人工智能在网络管理领域的未来展望

在网络管理中，信息技术将从多个方向发展，如管理数据分析功能（MDAF）、实体网络接口（ENI）、随愿网等。同时，在网络智能信令系统、网络数字孪生系统、网络编排系统等领域也将得到进一步的发展。

1.MDAF

预计 3GPP 将继续在 SA5 工作组中进行改善，并提高其管理水平。在 SON 的注智上，MDAF 在网络覆盖、资源优化、故障探测、移动管理、节能、呼叫效能管理、SON 协同等方面都有很大的应用。比如，MDAF 能够更精确地分析覆盖面，指出故障原因，并引导基站进行参数调整，确保服务质量不会下降。MDAF 还可以对 RAN 的用户界面进行更精确分析，找出造成拥挤的原因，并给出相应的解决方案。

MDAF 将对资源利用进行更为准确的分析，并对资源利用提出策略建议。同时，MDAF 还能准确地分析 SLA 的某些关键参数，例如延时、可靠性等，并对提高测试性能提出建议。在故障诊断中，MDAF 能够准确地进行故障定位，并能对故障提出相应的处理意见。MDAF 还能为使用者的移动性管理提供正确的策略建议，从而提升使用者的转化率及网络效能。该系统可以实现对切片性能的准确管理，并确保 SLA 参数。另外，MDAF 和 NWDAF 等网络设备之间的互动也会得到改善。

2. 欧洲电信标准协会网络接口（ETSIENI）

当前网络接口规范（ENI）系统已经定义了功能体系结构，但还没有明确的界面定义。ENI 工作组可以在期望中定义相关接口，以便更好地使用 ENI 进行部署和应用。另外，如何将 ENI 等智能网元协同工作、意图策略表达与管理、流信息遥测等问题进行整合，将在此基础上进一步完善。下一届 ENI 将会针对智能应用的实际应用做进一步的强化。

3. 随愿网络

中国电信公司目前正致力于开发随愿网络。目前，全球移动通信系统合作组织（3GPP）、欧洲电信标准化协会（ETSI）等都提出了基于 IBN 的思想，以实现对网络结构的自动控制。3GPP TR28.812[①] 出示了一个意图管理（IDM），使用者向 IDM 的供应商（生产商）提出一个意图请求，IDM 供应商提供对应的网络配置。[②] 在此期间，IDM 供应商将监测网络状况，监测用户的意愿是否达到。如未达到要求，则会重做意向评价及参数修正。

预期未来十年，意念导向的管理服务会继续演化和成熟，使操作者能够更好地减少管理的复杂性以及对基础架构的理解，并在多个供货商的情况下提高网络管理的效率。诸如 3GPPSA5、ETSIENI 等标准化机构将在这方面继续努力，如明确意向、自动机制、目标寿命周期的管理。从应用的角度来看，开放的 Web 服务、利用切片资源、保证切片性能、网络容量管理、网络功能部署等方面会逐渐增强和完善，如图 6-2 所示。

---

① TR28.812：第三代合作伙伴计划技术报告 28.812。
② 杨燚.人工智能视角下的 5G 无线网络智能规划和优化 [J].现代工业经济和信息化,2021,11(4):103-104.

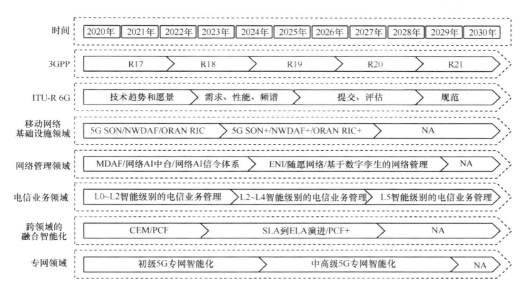

图 6-2 通信人工智能的未来十年展望

4. 网络 AI 信令体系

5GOSS（面向 5G 网络的运营支持系统）网络中台体系的智能网络平台可以看作是一种具有网络管理和维护能力的 AI 平台和引擎。网络 AI 平台需要通过一个被称作网络 AI 信号系统的标准指令系统，与每一个南向数据收集网络单位或组件以及 5GOSS（例如网络编排、网络性能、网络资源、网络故障）的不同服务系统进行互联互通。网络 AI 信令体系是一整套标准的互联互通及 AI 交互管理命令体系，包括网络人工智能鉴权、授权等机制，网络人工智能管理命令的定义、网络人工智能命令流在各接口之间的上传、下发机制，网络人工智能分析结果的执行机制，网络人工智能算法的训练、推理、部署机制，网络人工智能命令的监控、安全，等等。

网络 AI 信号传输接口是 AI 网络中台与 3GPPSON 体系、3GPPNWDAF、O-RANRIC、ETSIENI 等 AI 中端 AI 数据获取和 AI 指令执行界面，并为 5GOSS 系统提供 AI 数据获取和 AI 指令执行界面。

5. 网络编排

随着网络的软件和云端的发展，NF 的管理模式将从以私有硬件为基础的管理模式转变为基于共享的计算和通信资源的虚拟管理。因此，传统的 OSS/BSS 系统除了具有管理功能外，还将在未来的网络技术发展过程中扮演关键角色。ETSI 最初于 2014 年推出网络功能虚拟化（NFV）的管理和编排标准，对 NFV 中的管理与编排（MANO）进行了初步的定义。随着面向网络设计的通信人工智能，行业必须对 5G 后继的网络布局进行清晰化，在此基础上进一步阐明智能与网络编排功能的逻辑、实体联系。

网络规划是通信运营商网络管理的重要内容。网络连接与构建、资源调度与编排、网络工作流程与业务要求翻译三大功能，即网络拓扑功能、网络资源配置功能、网络服务编排功能。

本书提出了三种配置策略：计算弹性，也就是 VNF 的设计和 VNF 的灵活性；基于编导技术的 VNF 弹性模态；分层的可感知弹性，其是通过跨片的资源供给机制来实现的。ETSIENI 已经明确了网络资源的基本功能，但是在将来，如何在 SLA 或者 ELA（体验品质协定）的基础上将网络资源与网络服务相结合，以及 AI 与网络编排的逻辑和物理联系，ETSIENI 为行业提供了一个可以持续推进的参考体系结构。

同时，在现有网络结构、资源、业务智能化编排等方面缺乏灵活性，如何支持网络拓扑，资源、业务进行智能化编排的新型网络共存和协同，是目前网络中迫切需要解决的问题。[1] 比如，将传统的网络业务（如专线）与一种新的 5G 网络编配系统结合，以

---

① 朱玥，覃尧，董岚，等 . 人工智能在移动通信网络中的应用：基于机器学习理论的信道估计与信号检测算法 [J]. 信息通信技术 ,2019,13(1):19-25.

实现自动化和比较规范化的编排规则流程。

当前，全球电信公司在网络自动化和智能编排方面尚处在初级水平，技术水平和规范水平有待进一步提高。可以预见，随着智能通信技术与网络编排技术的深入融合，网络布局、网络资源编排、网络服务编排三大功能将会不断提高。

特别是在 SLA 和 ELA 最优的情况下，在网络服务需求、网络拓扑结构、网络资源支持等方面，人工智能将起到举足轻重的作用。在标准的层次上，相关的场景、接口、流程定义将由 3GPP、ETSI 等标准化机构逐步细化。

四、通信人工智能在电信业务领域的未来展望

在 BSS 智能 / 财务管理方面，未来十年，AI 技术将会在客户管理、套餐推荐、财务智能管理等方面得到全方位的应用，并实现从低端向高端的转变。从以客户为中心的全方位的顾客体验，到以电信运营商为核心的业务运作流程，再到新的业务、模式和技术的创新，都将发挥重要的作用。下面将从客户经营、业务运营、经营模式三方面来阐述。

1. 客户经营

从用户的经营角度来看，电信运营商已实现了从顾客导向到顾客体验的全方位服务。电信运营商在营销、服务过程中，注重对客户的营销和服务过程，并对服务质量进行了改进，包括顾客使用网络过程中的经验。通过搜集、联系，发掘客户在渠道、网络服务、商业应用等领域的丰富经验，为顾客提供全方位的服务。基于该模型，再加上人工智能的辅助，可以更好地满足用户对不同领域的需要，并逐步提升智能化、自动化互动能力，从而为用户提供全方位的用户体验。

2. 业务运营

从业务运行的角度来看，目前的运营商已经基本完成了对终端的数字化转变，同时，将大数据、人工智能等技术融入企业的生产过程中，使企业的经营管理更加智能化，从而大大提高了企业的运行效率。因为机械过程自动化（RPA）、智能业务流程管理（IBPMS）等技术的问世，进一步简化了人工干预业务流程，从而大大提高了流程的运行效率，进一步降低了生产成本。在此基础上，通过引入 AI 技术，提高了公司的收益保证，减少了拖欠的风险，同时也可以根据自己的风控预期进行更多的创新业务。这将进一步推进电信运营商的现金流量，使其更健康、更积极。[①]

3. 经营模式

从当前电信运营商的经营模式来看，大众市场以重资产投入为主，以量计价的方式难以适应快速发展的需求。而在大范围的细分客户群体中，传统的人工定价模式难以适应用户的个性化需求。因此，运营商必须充分发挥 AI 的优势，以虚拟专家/私人助理的形式，进行更加细致的市场细分和运营，并与智能工作流程、智能风控系统相结合，推进一客一策、千人千面等商业产品和服务，不断创新业务产品和经营模式。

目前，随着 5G 网络的大规模建设以及智能化网络平台的成熟，网络智能化正在逐渐由观念向实际应用转变。随着网络化的不断发展，智能化的发展趋势如下：

（1）智能化网络基础能力不断提升。智能网络的应用离不开数据、计算、网络、人才等各方面的提高，而通行业在人工智能、人才、技术、组织灵活性、推动力等方面已经具备了一定的优势。

---

① 杨鹤. 人工智能在电子通信领域的发展与应用研究 [J]. 卫星电视与宽带多媒体,2019(22):38–39.

与此同时，网络数据集、智能算法库等逐步开放，在全国范围内进行智能网络竞赛、推动标准化、开源项目与平台建设，为未来的网络人工智能奠定了坚实的基础。

（2）智慧运营效果初见端倪。5G 大规模部署，通信网络日趋复杂，2G/3G/4G/5G 构成"四世同堂"的重合网，对网络运行带来极大的挑战。传统的人工运维模式已不能满足当前网络运行复杂性、网络参数配置灵活、网络安全问题日益突出等新的挑战。在网络维护中，利用人工智能技术可以有效地解决网络的重复性、复杂性和预测问题，从而使运营商、设备商能够通过故障识别、根因定位、智能网络优化、智能基站节能等手段，逐步使网络运营和运维模式发生根本性变革。

（3）网络化推动的智慧。持续地推动网络化，增强网络的执行能力。随着 5G 网络的迅速发展以及人工智能技术的快速发展，对网络的数字化需求越来越大，所以要对网络进行实时的感知和决策，就必须对其进行实时监控。知识地图技术的发展、网络化和专家知识的数字化，为由手工作业向自主作业提供了技术支持。在网络自动化闭环流程中，人们的经验和知识都会被机器所了解，从而对网络自动化分析、意图驱动以及闭环决策起到重要作用。目前，利用知识图谱等技术对电信网中的智能故障进行辨识与根源分析收到了良好的效果。

五、通信人工智能在专网应用的未来展望

5G 的一个核心价值是为企业提供服务，简而言之，5G 在另一个层面来讲只是一个辅助工具，辅助其他行业、其他领域在一定时间或者一定空间中取得利益最大化的效果。5G 技术作用在个人身上，其效果可能不是特别明显，但是对于企业来讲，有了 5G

技术的注入，发展程度一定会得到质的飞跃。可以预计，在接下来的十年里，在汽车互联、智能制造、高清晰度视频/VR/AR、远程医学、智慧城市等领域，都会有人工智能的出现，人工智能在这些行业中不再是默默无闻的配角，而是将蜕变成为决定行业发展前景以及命运的关键角色，率先引进并且大力应用人工智能的企业，在未来越来越激烈的市场竞争中会占取先机，为自己所处的企业以及行业注入更强的生命力。[①]

目前，5G专用网在工业互联网上已有了一定的应用实例，这对推动5G垂直方向的发展和5G生态建设具有重要意义。在接下来的十年里，通信人工智能将会在边缘计算（MEC）、业务、算法等方面的发展中为客户提供更好的通信和网络安全服务，比如联邦学习、迁移学习等，同时也会带来数据安全难以保证、隐私泄露、数据不足等问题，人工智能有很多突出的优点，其智能程度可以大大地降低人工的出错率。利用人工智能技术感知业务变化，优化无线网络参数，从而保障业务传输质量，将专网真正地变成高性能、安全、可靠的专网，不仅可以让企业处于更加良性的运作环境中，还可以最大限度地避免企业机密的泄露，加速企业发展的同时，保证其长久稳定的安全经营。这也是目前大多数企业所迫切需要的。

在SG时代，智能技术在核心网络中的应用已经取得了长足的进步。3GPP定义了网络与网管两个方面的数据分析函数，使网络与管理智能化。

2017年2月份，3GPPSA2在R15阶段就定义了网络数据分析（NWDAF），这是第一个在移动通信核心网络架构中明确定义和标准化的人工智能网络单元。NWDAF是一种基于智能算法的网络

---

① 张云勇.通信产业发展回顾与展望[J].中兴通讯技术,2020,26(4):43-45.

通信网络，它可以对 5G 网络的网络服务质量 QoS、切片负载、网络性能、用户的移动路径、通信性能等进行分析，从而实现了策略控制功能；网络切片选择功能（NSSFPCF）、访问和移动控制功能（AMF）、应用功能（AF）等网元，动态地管理和优化网络质量、提升用户体验。

3GPPSA5 在 R16 开始定义网络管理智能服务管理数据分析服务（MDAS），对诸如性能度量、用户体验质量（QoE）报告、报警、配置、网络分析等的状态相关数据进行处理和分析。MDAS 通过与人工智能、机器学习等技术的结合，实现了网络服务管理的智能化、自动化，例如 MDAS 提供切片覆盖、切片可用性、切片预测等为基站节点（gNB）提供切片预测，并为跟踪区（TA）和 gNB 进行优化。

将 3GPP 所定义的网络数据分析等业务引入 5G 专用网，可以使 5G 网的网络与管理得到最优化。比如，在基于切片的虚拟专用网中，利用 QoE 的智能分析与预报，实现了对网络切片的 SLA（服务级别协议）保证；在一个单独的私有网络中，不断监测服务品质的改变，分析用户路径上的服务品质的改变；并及时向服务端报告，以适应网络的变化，适时地做出相应的决策；在 MEC 的部署中，通过分析和预测 MEC 的性能，完成数据网络（DN）的智能选择以及用户界面的优化。同时，结合联机学习技术，利用工业用户的行为，对工业企业进行监测和管理。

分层 SLA 保障：针对不同的服务场景和模式，通过虚拟化技术，灵活地调整功能、隔离机制、网络运行和维护，以适应垂直产业在功能（策略控制、安全、计费等）和性能（延时、可靠性、速率等）差异化的要求。

网络切片是一种包括无线、传输、核心网和管理领域在内的端到端逻辑网络。为保证跨域数据的保密与安全性，本书提出了一种基于联邦学习的分层 SLA 方案。

根据具体的服务需求，智能网元根据切片的网络数据和业务经验，建立了一个业务经验模型，也就是业务经验和服务体验与网络数据之间的对应。在实际业务运行过程中，根据网络数据及业务体验模型测量出用户业务体验，并根据业务体验分析结果，调整切片的资源配置，从而保障切片 SLA。

1. 智能边缘计算

智能边缘计算提供计算、存储等基础设施，并提供云计算和 IT 环境，用于边缘应用。[①] 相对于中央总署的云计算服务，它克服了较长的延时和高汇聚流量的问题，并能较好地支持实时、高带宽的业务。在人工智能的帮助下，5G 和 MEC（边缘计算）相结合，可以在很多情况下实现智能化。

智能 DN（数据网络）的选择：当前 5G 还无法感知到 DN 的信息，无法做出最优的 DN 网络。比如，用户端在搜索服务器时，往往会选择离用户最近的服务器，但是因为受到电脑和网络资源的制约，无法为用户提供更好的服务。智能分析能够根据 DN 的性能、用户的位置等信息，为用户提供最佳的应用服务器，从而保证用户的使用体验。

智能商业 App 迁移：在超可靠低时延通信（URLLC）方案中，由于用户的位置变化，MEC 网络也会随之发生变化。目前的 5GC（第五代核心网）系统，只有在用户出现了位置变化的时候才会通知 App。而智能化网络则可以根据 5G 网络、位置、MEC 覆盖范围等因素进行智能预测。

智能用户平面功能（UPF）选取：目前的 UPF 选择策略仅能

---

① 王金龙,徐煜华,陈瑾.无线通信网络智能频谱协同与对抗[J].中国科学:信息科学,2020,50(11):1767−1780.

根据预先设定的网络及服务特性来设定。而智能网络单元能够对 UPF 的负载状况进行分析与预测，从而提供动态优化的优化方案。

2. 动态应用策略

5G 智能分析网络单元可以利用网络开放功能（NEF）向行业应用提供支持。比如，应用层能够根据用户的数据流量调整缓冲区的窗口大小等；在分析服务质量（QoS）预测数据的基础上，汽车网络服务器能够针对网络的变化对车辆的自动驾驶等级做出相应的调整；通过对网络性能的分析，发现在网络被堵塞的情况下不会出现 BDT（背景流量传输）流量，当网络条件良好时可以进行发送。[①]

在公共汽车、出租车、网约车、长途巴士等公共交通工具中，为了保证公共出行的安全，采取了视频记录和实时上传的方法，并将其保存、处理。但若长期不间断地上传 4K 以上的高清视频，必然会消耗大量的资源，从而影响到其他用户的使用。

通过 NWDAF 的 5G 数据分析，可以实时获取网络状态和终端行为，对终端的运动轨迹、业务行为等进行精确的预测，将其推荐给应用程序，并将其报告给终端。但是，网络覆盖的范围很大，设备制造商也很分散，数据模型和业务模型也不统一，而且各区域和专业领域对数据的安全要求很高，不能将数据传输到各个节点上。利用分布式智能网元，采用单个区域自行训练、跨域整体协作的方式，解决了数据模型不统一、数据安全要求高的问题，减少了对网络负载的影响，并根据网络的特点提出了一种新的业务模式。这为网络的运作和合理的资源配置带来了许多益处：运营商可以实时了解网络的空闲情况，可以根据不同的时间，通

---

① 曹汐，余立，马键，等.移动通信网络智能化分级评估方法研究 [C]//TD 产业联盟，《移动通信》杂志社.5G 网络创新研讨会（2019）论文集.《移动通信》编辑部,2019:337−343.

过对站点进行预测，选取公共监测视频进行上传，这降低了网络负荷，增加了用户的满意度；并根据网络服务的特点对服务的收费进行调整，从而形成不同的收费运营模式。同时，在车辆跨市、跨省运行的情况下，运营商通过对不同厂家、不同运营商的训练模型的共享与协作，对网络进行准确的预测，确保车辆在不同区域之间漫游时的业务分析与预测不会受到干扰。

3. 智能安全感知

5G 使万物互联，大量用户接入 5G。对于一些特殊的工业终端，它们的行动和通信行为都有一些特点。

工业物联网终端会因受到恶意攻击而经常访问业务，从而触发网络注册进程，造成网络瘫痪。黑客可以通过远距离截获安全漏洞的终端，从而造成各种数据泄露、隐私信息泄露等问题。通过智能数据分析技术，该智能系统能够对不正常的 IoT 终端进行识别和管理。

而在 UE 中则采用了一种新的无监督学习方法。NWDAF 收集了用户在正常情况下的行为，并在此基础上建立了一个基线，然后使用无监督学习算法对用户进行分类。当进行在线检测时，如果使用者的行为特征不一致，则判定用户端的行为是不正常的。这个方法能够积极地防范潜在的网络攻击。[①]

六、通信人工智能在跨领域融合智能化的未来展望

随着互联网与商业的融合，客户体验管理（CEM）＋策略控制功能和（PCF）＋将在未来十年内不断完善，用户体验将从服务级别协议（SLA）到体验级别协议（ELA）。

---

① 王敬宇, 庄子睿. 知识定义多模态网络按需服务体系研究 [J]. 通信学报,2022,43(4):71-82.

1. 用户体验感知的增强与 SLA 往 ELA 的演进

自 20 世纪 90 年代起，国际电信联盟（ITU）和国际标准化组织（ISO）所规定的服务品质（QoS）系统已经被绝大部分的通信运营商所采用，并作为它们与客户之间的服务品质协定（SLA）。传统的 QoS 是由技术驱动的，特别是通过网络和商业绩效来衡量服务质量，也就是把网络中的指标纳入 SLA。近年来，由于传统的 QoS 系统不能真正地反映出用户对互联网服务的体验和感受，因此，近年来，QoE 系统逐步朝着以用户为中心的 QoE 系统发展和演变。ITU 将 QoE 界定为一个应用程序或商业的整体，可被终端使用者所主观地感知。

在现有 SLA 系统中，通信运营商对客户的服务水平是"尽心尽力"。比如，100 兆比特 / 秒的带宽一般是指"最大速率在理想条件下达到 100 兆比特 / 秒"。这种全力以赴的服务和技术角度的 KPI 很难与用户的体验品质相联系。同时，在为服务付费的情况下，对服务的稳定性和品质的评价始终是主观上的，应当大于或等于其支付费用的期望。随着 QoE 算法系统的不断完善，运营商可以通过 QoE 算法对客户的主观评价进行预测。[1] 因此，从传统的面向用户的 SLA 系统到以 QoE 为基础的 ELA 系统也是必然的。

ELA 是一种特定的 SLA，是指在顾客清楚地理解某项服务的情况下，由使用者对使用某项服务的经验所产生的一种基于品质的一致意见。

ELA 的目标是服务对象，包括电信运营商和内容供应商。目前的 ELA 模型是以网络服务和内容质量为基础。也就是说，一整套 ELA 系统将网络的服务品质和用户的体验结合起来。目前，用户很难明确用户在使用端和网络端的体验是否会下滑。而 ELA 系

---

[1]　杜永生. 智能运维. 基于自学习的自动化运维 [J]. 信息通信技术 ,2018,12(1):8-13+21.

统则是面向网络和应用端的、面向消费者（toC）用户的系统。对使用者而言，在 QoE 感知区，突破"网络无能"的"体验品质黑箱"可以进一步厘清各服务提供者提供的体验品质之优劣。同时，为了保证服务质量，服务供应商也可以对自己的服务质量提出更明确的要求。

2.CEM（客户体验管理）的架构演进

CEM 来自不同的领域：业务领域和应用领域。"数据合规"和"数据孤岛"的存在给 CEM 在多个方面的数据采集带来了极大的困难。本书针对隐私安全和数据融合两方面的需求建立了基于区域间的 CEM 模型。有两个最常用的跨地区模型：迁移学习（TL）和联邦学习（FL）。该方法首先对大量的数据进行大规模的训练，然后得到一种具有广泛应用价值的 PM（预训练模式），将预训练模式转移到小规模数据的应用场景中，并在小规模数据的基础上对其进行精细调整，以提高模型的性能。这种方法可以应用到 CEM 模型中，通过训练某电信企业的数据得到 CEM 的基础 PM，再根据场景业务数据对其进行调整得到一个场景化的 CEM，并在此基础上避免了数据的直接融合。

在 2017 年，联邦学习是一个特别适用于 CEM 模型的方案。联邦学习采用了"数据不移动、模型移动"的建模思路，避免了用户体验数据中存在的隐私问题。[1] 在联合建模的过程中，所有的数据都被保存在了当地，这使得采用联邦学习技术的用户体验感知算法具有很好的安全性和稳定性，从而提高了模型的精确度和评价的全面性。

---

[1] 朱永东.专题：面向 B5G/6G 的智能边缘计算网络技术特邀策划人 [J].无线电通信技术 ,2022,48(1):32-33.

3.策略控制功能增强版（PCF）+ 的演进

在未来的 PCF+ 版本中，PCF+ 可以提供更精确、实时、差异化的策略控制，并与 OSS（运营支持系统）、BSS（业务支持系统）领域进行互动。PCF+ 可以在 BSS 域方面实现统一，既保证了业务的实时性和可靠性，又提供了政策的控制。在网络方面，PCF+ 能够实时地对用户的服务质量参数进行动态的控制和会话管理，从而保证了系统的服务质量。由于 PCF+ 具备 OSS/BSS 域拉通的特性，因此可以更个性化地对用户进行策略控制，能够更好地发掘具有增值价值的应用场景，从而达到 B5G/6G 的商业远景。

PCF+ 可以在 OSS 域或者 BSS 域部署，为不同的区域提供服务。不同区域间的 PCF+ 可以进行交互，以获得其他区域的数据，PCF+ 的部署也可以根据实际的网络条件采用分层 PCF+ 结构。

第二节　下一个十年通信智能化的全面推进

一、人工智能与通信技术融合发展方向

移动电话技术的商品化发展至今已过去 30 多年。贝尔实验室于 1983 年 10 月与摩托罗拉公司合作，以先进移动电话系统（AMPS）为基础；到 1991 年，全球移动通信系统（GSM）是世界上最大的 2G 技术，其实现了全数字化语音；到 2001 年，第三代通用移动通信系统（UMTS）通信技术支撑着语音和移动数据业务；到 2008 年，4G 技术已在世界范围内实现了大规模的商业应用，LTE 提供了全 IP 的高清晰度语音和高速的移动数据服务，并于 2018 年逐步实现了 5G 技术的商业化。在过去的 30 多年里，在 5 代移动通信中，电话的发展经历了从模拟到数字，从语音到语音

与数据业务并重，到数据，再到电路的交流，再到IP，再到封闭的通信生态，再到整个产业。在移动通信发展的早期阶段，特别是1G向3G发展的初期阶段，移动通信的系统和服务系统仍在持续完善。

直到4G网络系统基本实现IP，支持话音、数据业务，并开始赋能垂直行业，业界开始提出网络自动化与智能化的需求与发展理念。在移动通信网络日益成熟的今天，通信服务的生态环境日趋复杂，通信网络的基础设施和服务系统也面临着许多复杂的情况。例如在极其复杂的无线环境下，无法通过模拟模式进行仿真，IP的指数级交换与路由控制、企业提供的网络支持与业务保障、"一客一策"等网络个性化服务都远远超出了人工设定和实施的能力。所以，在现有的通信系统中需要建立一套自动化、智能化的系统与方法，以确保企业的正常运行与发展。

从2001年3G商业开始，到2020年5G的普及，近20年来，移动互联网与数据服务的迅猛发展，大量的资讯资源从通信生态中诞生，为人工智能的开发与应用提供了天然优质的资料来源。在辛顿等人于2006年推出深度学习之后，人工智能的第三次浪潮由此而来。在传统的计算机学习中，有监督学习、无监督学习、增强学习，人工智能中的神经网络技术已经被应用到通信的各个领域。在电子文献检索平台中搜索有关人工智能的信息，从2006年到现在的十几年间，学术论文的数量增长了6.42倍。从这一点可以看出，2006年以来的第三波人工智能技术和手机产业的融合应用已经进入了飞速发展的时期。[①]

通用目的技术（GPT）一般是指能够对世界和各国经济造成影响的技术。GPT有望对现有的经济和社会结构产生巨大的影响。

---

① 曾华祥. 浅谈人工智能技术对通信行业的影响 [J]. 电子元器件与信息技术,2021,5(2):85—87.

经济学家理查德·利普西和肯尼斯·卡洛于 2005 年将 24 项技术（如人工智能）列为普遍用途技术。自 2018 年到现在，5G 已经被越来越多的国家和学术界所接受。通用目的技术最大的特点就是可以扩展和赋能各个产业，提高企业的研究和创新能力。5G 和人工智能都有这种特性，所以 5G 和人工智能被广泛地应用于 21 世纪。

自 2018 年 5G 逐步商业化后，已有大量的文献对 5G 的应用进行了调研和实证研究，主要是将 AI 应用于 5G 物理层、介质访问控制（MAC）层、应用层、网络层等，或对某个课题进行模拟、数据分析等方面的实地试验和实证研究。但是，在 5G 和 B5G（5G 之后）生态体系的发展中还需要对其进行全面回顾和展望。本书以 5G 和人工智能技术为一系列通用目标技术的结合与应用为主线，对目前国际 5G 技术标准、5G 网络和商业生态系统中的"注智"和"融智"进行了系统回顾，并展望了今后十年中人类和移动通信技术的融合发展。

在 5G 发展的初期，手机和人工智能有着明显的、独立的发展路径。在 3GPP 的基础上，以欧洲电信标准协会国际电信联盟（ETSI）、介质访问控制（ITU）为主线、其他技术标准，如开放式无线接入网络联盟（O-RAN），可以作为旁线的补充。

自 2008 年以来，3GPP 在移动通信网络技术中逐步引入了人工智能的概念。

在 6G 时代，智能通信技术将促进空间、天空、陆地、海洋等多维度的智能化生态系统的集成。因为 6G 通信生态系统在空间上的拓展，还会有更多的情况发生。通信人工智能技术将解决跨层优化、联合优化等多项式复杂度的非确定性多项式时间难题（NP-Hard）问题。

目前，3GPP、ITU-R、ETSI 等已经将人工智能技术引入到通信生态系统中。5G 通信人工智能的商业化还处在初期，特别是第三代合作伙伴计划网络数据分析功能（3GPPNWDAF）、诸如开放式接入网络智能控制器（O-RANRIC）之类的网络单元还处于实验阶段，很难在 5G 网络上进行商业应用。当前，在网络管理、业务管理、应用层面等方面已经取得了一定的成果。因此我们建议电信行业的开发人员进一步放宽网络标准化的接口，给予人工智能全面的赋能、注智的机会，让 5G 和 AI 这两种通用用途技术结合，充分发挥其在通信生态和垂直领域的作用。

随着 5G 技术与人工智能技术的深度融合，5G 在社会和经济的发展中起到了至关重要的作用。因此，有关部门应该更加关注网络的安全问题，了解和掌握数据在传输和交互中的窃取行为，采取科学可靠的措施保护网络的安全，并利用人工智能技术，使网络的功能更加丰富、更加高效。

5G 技术与人工智能技术的结合还处于摸索阶段，还没有完全成熟，需要不断地完善，但随着 5G 与人工智能技术的融合，将会有更多的应用出现。而在现实中，AI 技术和 AR 技术的两者融合应用的关键点为 VR 技术，这将为 VR 行业提供更好的发展环境。随着虚拟现实技术的飞速发展，它可以为人类提供更高品质的生活和服务，以先进的技术来推动社会的进一步发展。

个性化服务一直是人们所关心的一种社会服务，在 5G 通信技术与人工智能技术的飞速发展下，个性化的服务将变得越来越简单。5G 通信网具有高网速、低延迟等特性，为实现万物互联创造了条件，为构建一个信息化社会奠定了基础。在 5G 时代来临的今天，我们对个性化服务的需求越来越大，但是我们也应该考虑到 5G 技术带来的冲击，合理地对待先进的技术，才能最大限度地利用科技的价值，让科技真正地为社会服务。

当前，以 5G 为代表的新技术的兴起，为人工智能技术的发展提供了新的动力。边缘计算、网络切片、软件定义网络（SDN）、网络功能虚拟化（NFV）等技术为人工智能的发展提供了灵活、简洁的算法。

综合考虑网络规划设计、运行维护优化、业务部署、业务运行等多个方面的工作过程，结合网络单元至子网、整网的各种网络的适应性，从而对网络的智能化程度进行多维度、多层次的度量。随着人工智能和通信技术的多维融合以及网络化程度的逐渐提高，自动化程度不断提高，机器人将逐渐取代人工，逐渐走向智能化的网络化层次。网络的运行和维护工作具有需求、方案、决策和执行等特征，随着网络的演进，计算机所承担的工作也在不断增加，人的工作量越来越小。

现在的人工智能技术突飞猛进，芯片的运算能力和算法水平都有了突破，人工智能也开始渗透到各行各业。网络正朝着连接、知觉与运算三位一体的智能网络演化。随着网络中人工智能的全面应用，网络逐渐向终端、流程发展，逐步向"智能化"迈进。人工智能技术和通信网络的融合发展还处于起步阶段，利用人工智能技术对大量网络数据和网络管理等进行挖掘和分析，从而提高网络运营效率和服务品质，开辟新的商业模式和市场空间。

二、人工智能在通信工程场景的应用实践推进

在 6G 技术发展的进程中，3GPP 的发展趋势是 2~3 年一次，在接下来的十年里，3GPP 将会从 R17 发展到 R21[①]。目前，ITU–R 也在进行 6G 技术发展的方向和远景规划，预计将于 2027—2028

① 3GPP 版本号，第 17、21 个 3GPP 版本。

年制定出 6G 的技术规范。随着 3GPP[①]、ITU-R[②] 技术标准的发展，移动通信的各个功能（核心网、无线、传输、管理、服务支持、网络应用等）将在今后十年逐渐进入通信生态系统的智能化，并最终实现 B5G/6G 愿景中的通信自治与全智能化的目标。

人工智能是通信网络的基础，未来 3~5 年内，NWDAF 将逐渐成为 5G 的主干网络；同时，基于 SON 技术的无线及核心网络的优化也将通过人工智能来促进智能网络的优化。SON 业务部署模型可以在 5GOSS 系统中进行部署，也可以集成到单个 SON 系统中。在今后 5~10 年内，随着 O-RAN 的逐步商业化，RIC 将成为一个开放的无线网络中的智能控制器。

人工智能是基于网络的管理与运营，在今后 3~4 年内，MDAF 将会对网管级别进行部分的数据分析。随着网络中心的建成，部分电信运营商 5GOSS 中台也有望在 5GOSS 上实现商业化。作为人工智能与因特网的交互式语言，网络 AI 将 AI 的力量注入整个网络生态中。未来 5~10 年，数字孪生技术将与网络仿真技术、人工智能技术等技术有机地融合在一起，使网络的全生命周期得到规范、建设、优化、维系和智能化管理。

人工智能以电信服务为基础，一些运营商正在建设的中台技术系统将在 3~5 年内完全实现商业化和成熟。其中，AI 平台将成为 BSS（基础服务集合）行业 AI 的智慧和赋能平台，从而实现客户的智能化和业务的智能化。在垂直领域，类似的通用应用，如智能客服、智能营销、智能推荐等，都将在未来 5~10 年内快速发展，甚至有可能提前进入 L4 或者 L5。

人工智能面向的是业务支撑系统（BSS）与运营支持系统

---

① 第三代合作伙伴计划。
② 国际电信联盟中负责制定无线电通信标准和规范的一个部门。

（OSS）的结合与智能化，CEM 与流程和案例管理（PCF）将会走向 BSS 与 OSS 领域的结合。在整个生命周期内，CEM 将通过互联网和商业的信息，以闭环的方式管理用户的网络和业务体验。因为涉及多个领域的数据应用，未来的 CEM 架构可以由联邦学习实现。顾客体验和认知管理系统将由 SLA 系统向事件级别协议（ELA）系统演化。PCF 能够与 OSS、BSS 等领域互动，提供精确、实时、个性化的策略及服务。

　　未来 3~4 年内，垂直行业专用网仍处在商用初期，其主要部署模式为虚拟私有网。因此，将人工智能用于虚拟私有网络，重点放在 SLA 保障、智能调度、网络覆盖和性能优化等领域。在今后 5~10 年内，混合私有网和私有网的部署与开发将会逐渐得到实现。将人工智能用于独立或混合的特定网络，主要集中于提供精确的服务质量保证以及服务的即时评估和智能网络的智能管理。此外，人工智能还能与垂直工业领域的特定网络应用平台制造业扩展伙伴关系计划（MEP）进行交互，使其能够调整应用层的参数，以确保边缘应用的服务品质。

　　在工业专用网的初期智能化阶段，其主要面向性能、质量、维护，而在中、高智能阶段，面向的是高可靠、低时延、多并发的智能控制和管理。

　　客户服务的更新和变化。在通信产业，过去的服务是以人力为主导的，但是，随着通信产业的发展和人工智能的发展，人工智能已经被运用到了通信服务中，从而促进了通信产业的服务升级和变革。目前，人工智能技术的主要作用是帮助客户解决问题和做出正确的决定，并通过语音、短信等形式来了解和掌握顾客的需求。不过，目前的人工智能客服还无法满足用户更深层的需求，只能满足和解决用户的浅层需求和简单问题。因此，如何提升 AI 的智能和分析能力，提升服务质量就成了一个重要的课题。

高效地处理资讯。在大数据时代，将人工智能与大数据相结合，可以根据用户日常搜索和输入法的习惯，方便用户获得相关的信息，从而准确地找到用户的搜索和浏览需求。当前，人工智能技术在通信领域的应用，不但推动了通信产业的快速发展，同时也促进了人工智能技术的逐步提升。

网络操作方式和智能设备的更新。5G 通信已广泛应用于国内，经过一年多的商业应用，5G 通信为用户带来了极大的方便，它还推动了其他技术的发展，例如自动化驾驶、物联网等。5G 通信网络的发展是以人工智能为基础的，传统的人工管理和维护已经不能满足新的网络发展需要，需要大量的数据来运行和维护，在这个大数据时代，只有将 AI 技术运用到极致，才能将 5G 的优势充分发挥出来。同时，随着人工智能技术的不断进步，其运算速度和分析速度也在不断地提高，智能手机的使用范围也在不断扩大，而人工智能技术的运用也让运算速度大幅度提高。

智慧城市的转变。智慧城市是我国城市发展的必然趋势和目标，它是信息化、智能化、城市化的融合，是推动城市发展和经济转型的重要力量。智慧城市可以收集、整理、分析和记录各种数据，满足城市发展的需要。信息技术是智慧城市发展的基础，而智慧城市与人工智能技术结合在一起，将会促进城市的持续发展。

应用于网络防护。近年来，电信诈骗案件时有发生，给公民带来了极大的损害。信息安全是当今社会和时代发展的一个重要课题，网络安全的研究将越来越多的学者引入到网络防御系统中，从而形成一套高效、强大、安全的防范系统。

利用人工智能，可以更好地规划通信网络，加快传输速度。人工智能的学习功能具备很强的兼容性，能模拟人的思想，能够对输入的信息进行分类、筛选、分析，并在学习的过程中获得智慧的提升，而 AI 自身的信息传输、汇总、计算以及庞大的数据库与 5G 通信技术的特性十分契合，为了充分利用 5G 的优势，必须将 5G 技术和人工智能结合起来，这是一个非常有效的举措。

5G 技术和人工智能技术的结合，将会在智慧城市、智能停车、智慧社区等方面发挥作用。随着 5G 技术的发展，5G 技术将会进入到标准化的研究和设计之中，笔者认为将两者结合，势必会将全球带入一个全新的时代。

5G 技术极大地提高了频谱利用率，并催生了很多新的技术，很多技术都是利用智能设备来调节系统的性能，从而实现频谱的稳定。智能化设施与 5G 通信技术的结合与发展能够有效地克服目前中国的智能设备资源限制，而这一举措的实施，主要是由于 5G 通信技术能够推动智能设施的发展与革新以及推动中国公司的智慧化发展。

现代化的工厂正在向着智能化的方向发展，从而提高了工作的效率，减少了工人的工作压力。5G 通信技术的持续发展和革新对智能工厂的发展起到了很大的促进作用。5G 通信技术被引入到智能工厂中，可以让工厂的各个生产设备之间的联系更加紧密。当前，有几家具有长远眼光、实力雄厚的智能制造厂商已与 5G 通信厂商签订了合作协议，共同建设智慧工厂，搭建网络产业平台，这有效地推动了 5G 通信技术与智能工厂的发展。

物流是关系到经济发展的重要因素，人工智能技术也逐渐被运用到了物流领域，可见，物流产业正向着智能化的方向发展。当前，5G 与人工智能的结合尚处在初级阶段，可以将人工智能技术和 5G 技术应用到物流领域，从而促进物流产业的发展。

目前，智能泊车平台的出现与发展就是将人工智能技术融入到每个人的日常生活中的一种体现，而人工智能技术是 5G 通信技术的一个显著特点，其推动了智能停车场的发展；另外，5G 通信技术的高速传输优势也得到了充分的发挥，极大地提升了智能停车设备的效率。在智能泊车平台建设中，可应用人工智能技术进行仿真试验，并利用 5G 通信技术提高其工作效率。5G 通信技术和人工智能在消费方面的应用已经非常明显。近年来，随着智能购物技术的发展，许多智能购物的功能都被开发出来了，5G 的快速传输和低延迟的优势可以更好地满足人们的需要。

如今，随着经济的发展，人民的生活水平越来越高，人们对精神层面的要求也越来越高，主要体现在旅游上。随着旅游业的持续发展和创新，各种旅游虚拟服务应运而生，这些服务与 5G 通信技术和人工智能的结合发展密切相关。[①]

比如，将 5G 通信技术和 VR 虚拟技术结合，利用 VR 技术模拟游客所要去的或者喜欢的地方，使那些没有时间外出的游客能够亲身体验到 VR 技术带来的真实体验，让他们足不出户就能感受到旅行带来的乐趣。

---

① 李靓熙 . 通信智能中电子信息工程技术的运用 [J]. 工程建设与设计 ,2022(8):98−100.